REJOIGNEZ NOTRE COMMUNAUTÉ DE LECTEURS !

Inscrivez-vous à notre newsletter et recevez des informations sur nos parutions, nos événements, nos jeux-concours… et des cadeaux !
Rendez-vous ici : **bit.ly/newsletterleduc**

Retrouvez-nous sur notre site **www.editionsleduc.com** et sur les réseaux sociaux.

Leduc s'engage pour une fabrication écoresponsable !

« Des livres pour mieux vivre », c'est la devise de notre maison. Et vivre mieux, c'est vivre en impactant positivement le monde qui nous entoure ! C'est pourquoi nous avons fait le choix de l'écoresponsabilité. Un livre écoresponsable, c'est une impression respectueuse de l'environnement, un papier issu de forêts gérées durablement (papier FSC® ou PEFC), un nombre de kilomètres limité avant d'arriver dans vos mains (90 % de nos livres sont imprimés en Europe, et 40% en France), un format optimisé pour éviter la gâche papier et un tirage ajusté pour minimiser le pilon ! Pour en savoir plus, rendez-vous sur notre site.

Édition : Muriel Villebrun
Maquette : Élisabeth Chardin
Correction : Pascale Braud
Design de couverture : Constance Clavel
Photographies de couverture et intérieure :
© James Woodley Photography

10, place des Cinq-Martyrs-du-Lycée-Buffon
75015 Paris - France
ISBN : 979-10-285-2427-2

ALEX CORMONT

ÉCRIS TA LÉGENDE !

LES 3 PILIERS POUR CHANGER TA VIE

LEDUC

SOMMAIRE

À PROPOS D'ALEX CORMONT

Alex Cormont s'est fait connaître en tant que conseiller sentimental. Sa philosophie de coaching et ses conseils uniques font rapidement de lui le love coach n° 1 en France. Mêlant à la fois astuces pratiques et théories novatrices, sa chaîne YouTube compte plus de 200 millions de vues et 1,3 million d'abonnés. Sur Facebook, ce sont près de 900 000 fans qui suivent ses publications.

Souhaitant élargir son champ d'action et toucher un maximum de personnes, il porte son projet « Écris ta légende ! » axé sur le développement personnel, et qui a vocation à permettre à chacun de trouver sa voie et de s'épanouir. Son leitmotiv : viser l'excellence personnelle !

Installé depuis 2016 aux États-Unis, Alex a ainsi réalisé un de ses rêves. Désormais à la tête de plusieurs cabinets de coaching à travers le monde et intervenant lors de conférences internationales, il partage son expertise afin d'aider des hommes et des femmes à se faire confiance, à libérer leur puissance intérieure, et comme le dit le titre de cet ouvrage, à écrire leur légende.

Pourtant, rien ne laissait présager un tel destin. D'un naturel simple, il grandit en Ile-de-France dans un quartier dit « difficile ». Il se passionne très tôt pour le sport et réussit de brillantes études avant de créer son premier cabinet de coaching.

Pour prolonger votre lecture, rendez-vous sur le site Internet ecristalegende.com et sur la chaîne YouTube : Écris Ta Légende ! Vous profiterez de ressources exclusives offertes pour passer à l'action et réaliser vos rêves.

INTRODUCTION
ET SI VOUS ÉTIEZ FAIT POUR ÉCRIRE VOTRE LÉGENDE ?

Écrire sa légende, c'est un beau concept, mais qu'est-ce que ça signifie au juste ? D'emblée, je vais vous demander de vous investir en prenant quelques instants pour bien réfléchir à cette question car vous êtes le/la seul·e à avoir la réponse.

En effet, chaque personne possède des envies, des rêves et des objectifs de vie qui lui sont propres. À mon sens, écrire sa légende, c'est tout simplement réaliser ce que l'on souhaite de plus profond.

Alors, pour écrire sa légende, pas besoin d'avoir son étoile sur Hollywood Boulevard, pas besoin d'avoir un compte en banque à faire pâlir Picsou, ou d'avoir le dernier bolide rouge *made in Italy*. À mes yeux, écrire sa légende, c'est se lever chaque matin avec le sourire, et accomplir des choses qui nous tiennent à cœur et avec lesquelles on va être aligné.

Et c'est la raison pour laquelle je vous mets à contribution en vous demandant de bien songer à ce qui vous fait vibrer. Quel que soit votre choix, ne vous écartez jamais de ce rêve et ne laissez personne revoir vos exigences à la baisse. Vous êtes en mesure de réaliser l'impossible.

Et afin de mieux vous expliquer ma vision, j'aimerais vous en dire un peu plus sur moi et sur mon parcours. Il y a sûrement dès cette partie des aspects dont vous pourrez vous inspirer. N'y voyez aucune prétention, je souhaite simplement vous montrer la façon dont j'ai fait passer ma vie au niveau supérieur et ce qui m'a permis d'écrire ma légende.

En réalité, le concept d'écrire sa légende n'est pas déterminé dans le temps. N'allez pas imaginer qu'il existe un moment où tout est accompli ! Écrire sa légende ne s'arrête jamais véritablement.

OÙ VA-T-ON ENSEMBLE ?

Est-ce vraiment possible de se créer une vie sur mesure ? Est-ce que je suis capable de faire mes propres choix et de m'affirmer ? De quelle façon atteindre le bonheur et s'épanouir jour après jour ?

Écrire sa légende personnelle peut paraître inatteignable, et plus particulièrement lorsque l'on se met à se comparer aux autres. Du moins, je le pensais quand je n'étais encore qu'un enfant. Pour moi qui rêvais d'être basketteur professionnel, je ne comprenais pas pourquoi un autre était plus grand, plus rapide ou plus musclé. Je ne voyais que mes défauts et je me disais que, même si je travaillais dur, je n'aurais jamais la possibilité de les concurrencer. Et pourtant, tout cela était ce que l'on appelle communément des « fausses croyances ».

Aujourd'hui, au moment d'écrire ces lignes, je me rends compte que j'ai réalisé plusieurs rêves de gosse. Le premier a été de venir vivre aux États-Unis. Depuis mon plus jeune âge, je passais mon temps libre à discuter basket-ball et à regarder les matchs de la NBA (championnat de basket-ball nord-américain) avec mes amis. Je rêvais de pouvoir un jour être présent à un tel événement et même de m'installer outre-Atlantique pour pouvoir vivre le rêve américain.

Mais ce n'est pas tout, en écrivant ces lignes, c'est un deuxième projet que j'avais quand j'étais plus jeune qui se réalise, à savoir écrire un livre. Je n'étais pas du tout concerné par le domaine du développement personnel, j'avais plutôt pour ambition d'écrire des histoires fantastiques. Pourtant, la méthode des 3W que je m'apprête à vous dévoiler tout au long de ce livre n'a rien de surnaturel !

Ces deux exemples ne sont pas les seuls, je pourrais en citer des dizaines d'autres ! Pour être totalement transparent, je suis de nature plutôt cartésienne, alors l'idée de croire à une loi de l'attraction était pour moi complètement inenvisageable. Vous savez, cette loi qui consiste à penser que l'on peut obtenir tout ce que l'on désire en portant notre attention sur l'objectif final, en manifestant nos envies sans jamais être dans le besoin, et en utilisant le pouvoir de la pensée positive ? Eh bien, force est de constater qu'elle fonctionne vraiment, que la vie fait parfois bien les choses car elle peut nous mener là où nous voulons aller.

Alors, la question que j'aimerais vous poser est : « Qu'est-ce qui me différencie de vous ? Pensez-vous sincèrement que j'ai plus de chance ou que je dispose de la recette pour réaliser mes rêves ? »

J'aimerais vous dire que j'ai découvert le secret... Mais non ! En revanche, il y a des outils, des astuces, des conseils, et surtout une méthodologie en trois étapes, qui s'adapte parfaitement à chacun et qui va vous aider à faire ressortir le meilleur de votre personne.

Après avoir accompagné des milliers de personnes aux quatre coins du monde, je me suis aperçu que le même procédé fonctionnait et qu'on obtient des résultats époustouflants pour tous. Bien évidemment, chacun l'adapte en fonction de sa propre personnalité, mais quels que soient vos projets, votre âge, votre niveau de revenus, vos origines, votre lieu de résidence, il vous suffit de suivre les exercices de ce livre pour obtenir des résultats concrets. Je sais que ça paraît complètement dingue, mais qu'on soit sportif, boucher, ingénieur, restaurateur, étudiant, mère ou père au foyer, nous partageons tous les mêmes doutes concernant notre projet de vie et la manière d'écrire sa légende.

En réalité, tout part des histoires que l'on se raconte et je vais les évoquer plus longuement dans les prochains chapitres.

Je vais vous transmettre une vision précise de la méthode des 3W afin que votre vie prenne un tournant. Et je vous promets des exercices pratiques, accompagnés d'exemples et d'expériences concrètes de coaching, pour que vous ne vous fassiez jamais la réflexion : « Ce livre est super sympa, j'ai appris beaucoup de choses mais il manque le "comment passer à l'action" ! »

LA DÉCOUVERTE DE LA MÉTHODE DES 3W

En tant que coach de terrain, je me suis aperçu qu'il y avait toujours trois piliers dans notre vie, que ce soit pour créer notre entreprise, écrire notre légende personnelle, ou simplement, pour être plus épanoui dans notre quotidien. Ils se résument à trois questions principales commençant toutes par un W en anglais :

→ ***Who?*** (Qui suis-je ?)

→ ***Where?*** (Où vais-je ?)

→ ***Why?*** (Pourquoi ?)

Elles ont l'air simples, mais quand on prend le soin d'y répondre, elles demandent réflexion et elles donnent un sens véritable à notre vie.

Je vous rassure de suite, il n'y a pas de bonnes ou de mauvaises réponses car elles sont uniquement personnelles. Elles dépendent de vous, de vos envies, de vos désirs, de vos projets, de vos rêves, de ce que vous avez dans vos tripes également. En revanche, il y a un point qui est non négociable : ces réponses doivent être alignées avec votre personnalité. Vous devez absolument vous assurer que c'est votre intuition qui y répond et non votre entourage ou vos influences. Des éléments qu'on va voir dans le détail ensemble. Simplement, gardez bien en tête que vous devez agir en fonction de vos propres aspirations.

C'est un voyage qui n'est pas facile, je vous l'accorde, mais c'est la clé de l'épanouissement et du changement.

Je crois fermement que nous avons tous le pouvoir de nous créer une vie sur mesure et d'écrire notre légende. C'est la raison pour laquelle je veux vous embarquer dans un ouvrage pratique, qui vous aidera à passer à l'action pour faire de vos rêves une réalité.

Je sais. Je sais que l'on vous a toujours dit de les mettre de côté et c'est aussi l'enseignement que j'ai reçu depuis mon plus jeune âge. Peut-être pour nous éviter de tomber de haut ? D'avoir un espoir qui nous ferait souffrir ? Pour autant, je me dis qu'on n'a qu'une vie, alors pourquoi ne pas exploiter notre plein potentiel ?

Pour être honnête, je n'ai pas toujours eu cette façon de penser. J'ai découvert très tôt le développement personnel mais je n'ai pas su en tirer parti, jusqu'à un événement qui a changé ma vie et qui m'a décidé à écrire ma légende...

Mon métier de coach en développement personnel m'a fait ouvrir les yeux sur mes capacités mais aussi sur le rôle que mes parents ont eu pour moi. Je sais désormais que tout part de notre personnalité et de notre enfance. Pour ma part, j'étais un petit enfant très calme et je cherchais absolument à bien faire pour satisfaire mes parents.

Mais avant d'entrer dans le vif du sujet, permettez-moi de vous en dire un peu plus sur moi. Il est probable que ça vous aide à mieux comprendre ce que je vous transmettrai dans les parties suivantes.

COMMENT JE SUIS ARRIVÉ AU DÉVELOPPEMENT PERSONNEL ET AU COACHING

J'ai pris le premier virage de ma vie à 16 ans, quand j'ai décidé de me lancer à fond dans le basket-ball en allant en sport étude et donc de quitter le domicile familial pour me rendre à Dijon, à trois heures de route de chez mes parents. L'année suivante a tout simplement été la MEILLEURE ANNÉE de toute ma vie, car je faisais ce que j'aimais le plus au monde. À cet instant précis, je m'entraîne tous les jours, j'ai un préparateur mental et ma vie est toute tracée : je vois ma carrière de basketteur professionnel se dérouler devant moi.

Malheureusement, la vie en a décidé autrement : en faisant un pas de pivot absolument anodin, je sens mon genou gauche se dérober et partir sur le côté. Je vois le haut de ma jambe rester droite et l'autre partie au-dessous du genou de travers, un peu comme dans un dessin animé. Impossible de vous décrire la douleur... Je me retrouve avec un genou en vrac, immobilisé plusieurs mois, à seulement 17 ans... Premier coup dur de la vie, mais comme le dit si bien mon père : « Il n'y a jamais d'échecs, juste des leçons. »

Aujourd'hui, je vous en parle avec un peu de détachement mais c'est vrai qu'à l'époque, je me suis effondré pendant plusieurs mois. Je déprimais de ne pas retrouver les mêmes qualités physiques, de devoir tirer un trait sur mon rêve le plus précieux, et surtout, d'être dans l'incertitude du futur. Je n'avais pas d'autre choix que d'écouter mon père et de me concentrer sur mes études pour m'assurer un plan B.

Je découvre donc l'université. Étant très attiré par le développement personnel, je me suis orienté vers un master en sciences humaines avec l'objectif de devenir profileur et chasseur de têtes. Je ne sais pas pourquoi mais j'avais une réelle volonté de cerner l'être humain et de comprendre comment fonctionne notre cerveau. En réalité, je trouvais très intéressant de pouvoir étudier pourquoi certaines personnes arrivent à accomplir des choses extraordinaires alors que d'autres vont être bloquées par la peur. Est-ce que c'est aussi une question que vous vous êtes déjà posée ?...

En parallèle, je découvre aussi les joies d'être basketteur. Je ne suis que semi-professionnel, mais à 19 ans, je possède mon appartement, ma voiture, et les avantages d'être considéré comme un sportif de haut niveau : invitation aux soirées privées, reconnaissance dans la rue, interview aux médias, et tout ce que l'on peut rêver de mieux ! Je vivais ce que je croyais être ma « meilleure vie » : je faisais ce que j'aimais, j'étais payé pour ça, et je continuais mes études pour assurer mes arrières car ma carrière de pro n'était plus qu'un lointain souvenir.

Et pourtant, c'est à cet instant que j'apprends une nouvelle que je n'ai pas forcément comprise sur le moment. On m'a dit : « Papa a un cancer. » Pour moi, c'était une simple maladie qu'il allait combattre même si je le voyais s'affaiblir de jour en jour.

Le 15 avril 2011, je suis passé de l'homme le plus heureux du monde (en apparence) à une remise en question totale. Je me suis réveillé et en regardant mon téléphone, j'ai vu un message de mon frère qui me disait juste « Appelle-moi ». À cet instant, je sens mon cœur qui se serre, les larmes me montent aux yeux, mais je garde mon calme et je l'appelle. Il me dit d'une voix douce : « Papa a rejoint le ciel, il faut que tu remontes à Paris. »

Dix minutes plus tard, j'étais dans la voiture pour remonter de Nice à Paris. Huit heures de trajet à faire le point sur ma vie et à me demander « POURQUOI ? ». Pourquoi est-ce que la vie a emporté l'une des personnes que j'aimais le plus au monde ? Pourquoi n'a-t-il pas pu profiter de sa retraite comme il le désirait tant ? Pourquoi ce cancer n'a pas été soigné ? Pourquoi ? Pourquoi ? Pourquoi ?!

Bizarrement, c'est dans ces moments de souffrance qu'on commence à se dire « Mince, et si je n'étais pas si heureux ? Et si j'avais commis des erreurs qui m'empêchaient de vraiment être dans ma légende ? » et qu'on entame un vrai travail d'introspection. On se rend compte qu'on voudrait avoir une vie différente, qu'on vivait pour le regard des autres, qu'on perdait peu à peu le sens de nos valeurs et qu'on commençait à s'éteindre, sans pour autant l'accepter vraiment. J'ai alors compris que je n'étais pas à ma place et que j'aurais pu faire des choix différents. Typiquement, quand j'ai appris que mon père avait un cancer, j'avais le choix entre rester près de ma famille pour profiter de lui ou partir dans le sud de la France et avoir la vie que je vous décrivais plus haut.

J'ai ainsi ouvert les yeux sur mes erreurs et notamment une en particulier : celle d'avoir fait des choix sans me connecter réellement à mes valeurs, à ce qui était important pour moi, et que j'allais regretter quelques mois après. À noter que ce sont des notions que l'on va étudier ensemble car, comme vous vous en doutez, je n'en avais aucune connaissance à l'époque.

D'ailleurs, je ne savais pas à quel point cet événement allait changer ma vie. Je l'ai vécu comme un traumatisme, la deuxième grande claque que la vie m'a mise (et la plus douloureuse jusqu'à aujourd'hui), mais il a également donné naissance à ma philosophie de coaching, à ma nouvelle personnalité, et à ce projet « Écris ta légende ! ».

Quelques jours après l'enterrement, je me suis réveillé un matin avec une énergie forte, une sorte d'effet *limitless*, comme dans le film du même nom avec l'excellent Bradley Cooper. Si vous ne l'avez jamais vu, c'est l'histoire d'une pilule magique qui permet d'avoir une capacité extraordinaire en utilisant 100 % des capacités de son cerveau. C'est comme si je possédais un super pouvoir et que je venais de comprendre les enseignements de mon père, ses leçons, les valeurs qu'il avait toujours voulu me transmettre. J'en avais fini de faire plaisir aux autres et de me détruire, il était temps que je vive pour mes valeurs et mes aspirations. J'étais prêt à écrire ma légende... Parce que cet événement tragique a été un véritable détonateur.

D'ailleurs, depuis que je me forme au développement personnel, je me rends compte que de très nombreuses personnes ont pu changer et évoluer positivement après un tel électrochoc. Peut-être est-ce votre cas ? Que vous avez vécu un événement douloureux qui vous perturbe ? Je veux que vous sachiez que vous avez alors toutes les ressources en vous pour écrire votre légende.

De mon côté, chose intrigante, je me suis totalement réfugié dans le travail et j'ai ouvert mon expertise au coaching en amour. Pourquoi ? Tout simplement parce que je suis tombé sur une étude scientifique du chercheur Edward Smith, de l'université de Colombia, qui nous démontre que la douleur d'une rupture amoureuse est identique à une douleur physique[1]. J'avais aussi entendu que la douleur d'une rupture sentimentale était comparable à celle d'un deuil et je me suis dit que c'était un excellent moyen de continuer à faire le mien tout en trouvant ma voie. J'ai donc longuement étudié les astuces et moyens de se reconstruire après une séparation. Je me suis promis d'aider le maximum de personnes à surmonter cette épreuve et c'est ce que je compte bien continuer à faire. Plusieurs années après, je suis devenu le coach le plus expérimenté au monde sur ce sujet, je me suis ouvert à d'autres horizons, notamment celui du développement personnel.

1. *"Our Brains Appear to Process Relationship Breakups in the Same Regions as Physical Pain."*

Après le décès de mon père, pour réussir à me reconstruire, à faire le deuil, à devenir la meilleure version de moi-même, j'ai découvert ce que j'appelle « l'éducation alternative ». Oui, nous avons tous été à l'école mais qui a appris à travailler sur ses valeurs ? À s'aimer ? À définir sa mission de vie ? À utiliser son plein potentiel ? Et surtout à avoir pleinement confiance en soi ? Personne.

C'est pourquoi, quand j'ai découvert les ouvrages de développement personnel, vieux de presque un siècle, je me suis dit que c'était une véritable mine d'or et qu'il fallait absolument que j'en fasse bon usage.

Le premier livre qui m'a complètement transporté possède un titre plutôt spécial, il s'agit de *Comment se faire des amis ?* de Dale Carnegie[2]. L'auteur nous apprend à faire preuve d'intelligence émotionnelle et à créer une relation avec les autres. Attention, pas une relation vide, de surface, mais une relation forte et profonde. En lisant ces lignes, j'avais des images de mon père qui s'amusait à discuter avec toutes les personnes qui l'entouraient quand on passait notre été à la plage de Sainte-Maxime dans le Var. Je demandais : « À quoi il joue ? » Et lui répondait : « Je crée des liens. » Pour moi, c'était très étrange car j'avais tendance à être timide. Pourtant, savoir se faire des amis est une qualité qui vous permettra d'écrire votre légende à coup sûr.

Le deuxième bouquin que j'ai dévoré était également un grand classique, *Réfléchissez et devenez riche* de Napoleon Hill[3]. Au

2. Le Livre de poche, 1990.
3. Trésor caché, 2018.

début, je ne voulais pas le lire car être riche ne m'intéressait pas. Mais j'ai vite compris qu'il s'agissait surtout d'apprendre à se créer une vie riche, de voir grand et de s'autoriser à penser à ses rêves. Des valeurs proches de celles que je prône dans ce livre pour écrire sa légende.

Étant de nature cartésienne, j'ai souvent eu beaucoup de mal à utiliser les outils de la pensée positive comme le fait de se répéter une phrase agréable et de l'ancrer en soi... jusqu'à ce que je découvre la programmation neuro-linguistique, plus communément appelée « PNL ». Lors de ma toute première formation, il me suffisait de fermer les yeux pour commencer à utiliser le pouvoir de notre cerveau, de l'imagerie mentale et de la visualisation. Je me souviendrai toujours de mes premières minutes à cette formation. Je me suis assis et l'instructeur nous a parlé du concept de PNL intitulé « La carte n'est pas le territoire », notamment inventé par Alfred Korzybski. Dans ma tête, je me suis dit : « Mais c'est quoi, ce truc ? » C'est vrai qu'à première vue, cette phrase n'a pas vraiment de sens.

Et là, je ne sais pas pourquoi, mais j'ai eu une image qui est venue dans mon esprit, celle d'un jeu vidéo, *Age of Empire* – car oui, j'ai un peu honte de l'avouer, mais j'étais un peu geek à une période de ma vie ! Dans ce jeu, on dispose d'une carte qui peut se révéler parfois inexacte : elle ne nous annonce pas toujours le danger, mais elle peut aussi nous apporter de belles surprises. Mon interprétation (personnelle) de la phrase « La carte n'est pas le territoire » est que l'on peut parfois penser avoir la situation en main, s'attendre à une chose, ou se dire qu'une situation va évoluer de cette façon... alors que pas du tout ! On pense savoir ce que l'on veut, on pense connaître nos limites, alors qu'on se met des barrières tout seul. De la même façon, on peut rester concentré sur notre carte à nous et ne pas se demander quelle est celle de notre voisin. C'est en considérant que nous détenons toute la vérité qu'on ne peut s'adapter à l'autre. En réalité, on ne peut pas toujours se fier à la carte (notre plan) mais on peut travailler sur notre capacité d'adaptation pour construire une vie sur mesure et pour nous adapter. C'est la raison de ce livre.

J'ai décidé de tout donner pour aider des femmes et des hommes, comme vous, à changer avant de se prendre une claque. Pourquoi attendre de souffrir pour prendre une décision ?

N'ATTENDEZ PAS DE SOUFFRIR

Si je pouvais formuler un seul souhait, je vous dirais que cet ouvrage est là pour que vous n'attendiez pas de souffrir avant de faire changer votre quotidien. Vous avez le pouvoir de poser les bonnes actions dès à présent.

Ne faites pas les mêmes erreurs que moi. Vous avez toutes les ressources en vous, il vous manque simplement les réponses aux trois grandes questions de cet ouvrage...

On vous a souvent dit qu'il fallait absolument rentrer dans les rangs, que vous deviez écouter « les autres », et qu'un jour, vous aurez peut-être la possibilité d'avoir un bon job et une vie agréable. Pourtant, si on se fonde sur les dernières études, il y a presque plus de personnes en burn-out que de personnes heureuses... On peut donc s'interroger sur le fait que cette norme puisse nous rendre heureux. Quand on regarde notre société, on peut constater qu'elle est « malade ». Il n'y a qu'à voir les chiffres :

- près d'1 mariage sur 2 se termine en divorce. Les statistiques de l'Insee sont très claires : il y a plus de 120 000 divorces par an en moyenne en France[4] ;
- 50 % des jeunes adultes déclarent ne pas avoir confiance en eux ! C'est un chiffre considérable, tant on sait que l'amour de soi est un élément décisif de notre niveau de bien-être[5] ;
- selon le cabinet de conseil Empreinte humaine et une étude réalisée auprès de 2 000 salariés[6], suite à l'épidémie de Covid-19, la détresse psychologique touche 45 % des salariés dont plus de 36 % qui nécessitent un traitement.

Je crois qu'il est essentiel qu'on ouvre les yeux et qu'on recherche notre mieux-être au quotidien. Quand nous étions enfants à l'école, nous avons pris le temps, chaque année, de décrire ce que nous rêvions de faire. Nous avions alors des envies précises, une belle insouciance et une capacité à nous projeter dans notre vie.

Je suis convaincu que tout le monde, surtout vous mes chères lectrices et mes chers lecteurs, a le pouvoir de dominer sa vie et de suivre ses rêves. Écrire sa propre légende n'est

4. www.insee.fr/fr/statistiques/3303338?sommaire=3353488
5. https://fr.statista.com/statistiques/976422/confiance-en-soi-jeunes-france/
6. https://empreintehumaine.com/covid-19-une-etude-avance-des-taux-alarmants-de-detresse-psychologique-chez-les-salaries/

absolument pas réservé à une élite. Et je vous accompagne sur ce chemin grâce à ce livre. Après vous avoir accompagné dans votre réflexion, je vous proposerai des serments, à vous répéter immédiatement et le plus souvent possible, pour reconditionner votre cerveau. Si vous avez du mal à visualiser ou que la pensée positive n'est pas encore facile à réaliser pour vous, associez un geste comme le fait de contracter le poing que vous allez toujours répéter au moment d'ancrer un serment en vous : il deviendra votre « totem ». Un geste qui vous appartient et qui vous permettra d'intérioriser au maximum les serments que nous réaliserons ensemble.

Pourquoi est-ce si important ? Tout simplement car votre corps et votre cerveau sont comme des muscles. Plus vous répétez une action et plus ça devient une habitude. Au début, c'est étrange, les résultats sont minimes, mais d'ici la fin de la lecture de cet ouvrage, vous pourrez parfaitement créer de puissants ancrages (c'est le nom qu'on donne à l'intériorisation d'une phrase et d'un geste) pour votre futur.

Votre cerveau va intégrer progressivement qu'un geste et un mot peuvent déclencher une émotion positive. C'est ainsi que vous ferez de chaque conseil un élément puissant pour votre bien-être !

À la fin de chaque partie, je vous aiderai également à écrire vos propres mantras, qui façonneront votre vie telle que vous la rêvez. Je ne vous dis pas que le parcours est facile ou enchanté, mais tout le monde est capable de le suivre. Comme le dit si bien l'un de mes amis, Florian : « Deviens le capitaine de ton bateau et tu pourras y fixer les règles que tu désires. » Le seul objectif que vous devez viser est votre niveau de bien-être.

Ne faites pas l'erreur de juste « lire » cet ouvrage !

Avant d'aller plus loin, je me devais de vous alerter sur le fait que cet ouvrage n'est *pas* à lire... Son but est de vous faire passer à l'action !

Nous traversons tous des moments compliqués dans notre vie, quel que soit le nombre de 0 sur notre compte en banque ou le nombre de nos followers sur Instagram. Ce sont les passages à l'action qui apportent des opportunités, puis dans un deuxième temps, des résultats. C'est pourquoi je vous conjure de ne pas simplement lire cet ouvrage, mais de joindre également le geste à la parole et de passer à l'action. En pratiquant, vous vous réconcilierez avec votre confiance personnelle, avec vos émotions, avec votre passé, ou encore avec toutes les personnes qui vous entourent.

Certains passages vous feront peut-être vous exclamer : « Mais je sais déjà tout ça ! » J'entends souvent cette réponse en coaching. Car oui, nous savons beaucoup de choses, mais la question sous-jacente est toujours la même : est-ce que ça veut dire que vous l'appliquez correctement dans votre vie ? Je peux vous garantir que savoir ne suffit pas, c'est notamment la raison pour laquelle il faut absolument passer à l'action.

D'ailleurs, c'est ce qui m'est arrivé il y a une semaine. Je me trouvais à un séminaire de développement personnel et l'orateur nous parlait de l'importance de bien communiquer dans son couple. Sujet que je maîtrise particulièrement bien. Et pourtant, quand je me suis demandé « Est-ce que je ne pourrais pas encore mieux communiquer avec ma femme ? ». Tout de suite, j'ai eu des flashs de situations où oui, j'aurais pu être en mesure de m'améliorer. Pourquoi je vous en parle ? Car je veux vous montrer que nous sommes tous en constante évolution et qu'il vous faudra rechercher l'amélioration continue pour bien profiter de cet ouvrage.

Bref, vous l'aurez compris, je vais, au fil des pages, vous mettre quelques coups de pied aux fesses – mais toujours avec bienveillance, je vous rassure ! Pour profiter pleinement de ce livre qui est aussi votre première action pour écrire votre futur, je vous invite à choisir un carnet qui servira exclusivement à l'écriture de votre légende et à garder votre stylo à la main. Vous pourrez ainsi commencer à rédiger vos premières pages de réflexion, qui seront suivies de tant d'autres. Car je compte bien vous aider à analyser votre quotidien pour apprendre à mieux vous connaître.

Vous êtes désormais prêt·e à avancer vers vos projets, vos désirs, vos rêves. Nous allons passer à la première partie qui consiste à étudier qui vous êtes réellement, ce que vous désirez et ainsi définir vos envies profondes. Vous allez découvrir qu'il existe de nombreuses influences qui vous empêchent de prendre confiance en vous et de vous sentir bien au quotidien…

PILIER 1

WHO?
QUI SUIS-JE ?

Certaines personnes trouveront peut-être le titre de cette partie un peu étrange, et se questionneront sur la réelle importance d'apprendre à se connaître. Pour d'autres, la réponse est déjà une évidence.

Pourtant, j'ai une confidence à vous faire : cette fameuse interrogation du « Qui suis-je ? » est celle qu'on m'a le plus posée en coaching depuis mes débuts en 2007. Elle peut prendre différentes formes comme « Comment savoir ce qui est bon pour moi ? », « Pourquoi je m'engage toujours dans des relations toxiques ? » ou tout simplement « Comment réussir à m'affirmer ? ».

Le point commun entre ces questions est la connaissance de soi. C'est pour cette raison que, quels que soient votre âge, vos origines et votre lieu de vie, vous allez devoir y répondre pour prendre confiance en vous et vous assurer que vous vivez la vie que vous désirez.

Et pour vous permettre d'approfondir votre réponse, je vais vous aider à réaliser une introspection personnelle puissante en vous détaillant les outils que j'ai utilisés personnellement et que j'utilise toujours pour accompagner mes coaché·e·s à trouver leur voie.

Prêt·e à relever le challenge et à découvrir le premier W ?

QUAND JE CHERCHAIS TOUJOURS À FAIRE PLAISIR AUX AUTRES…

Pendant très longtemps, je me suis laissé porter par la vie et les merveilleux parents que j'ai eus, jusqu'aux événements que je vous ai présentés dans l'introduction et qui ont bouleversé mon quotidien. Ils m'ont amené au développement personnel et à me poser ces fameuses « étranges » questions, pour avoir une vie qui colle exactement à mes besoins.

C'est très simple, au bout d'un moment, on se réveille et on ne peut plus nier cette petite voix qui nous dit qu'on devrait s'écouter plus, qu'il faut suivre son intuition, qu'on mérite une vie différente, plus en accord avec nos valeurs.

Et puis, en plus de cette petite voix, il y a la boule au ventre qu'on ressent quand on se réveille. Quand on n'a pas envie de se lever. Quand on est déprimé à l'idée que le lundi arrive. Toutes ces émotions nous amènent à vouloir reprendre notre vie en main. C'est à cet instant précis que l'on réalise que nous n'écrivons pas notre légende, mais au contraire, que l'on vit en faisant des choix par rapport aux autres.

Pour appuyer mes propos, j'aimerais vous parler de Frédéric. Un homme de 44 ans qui est venu me voir pour gagner en assurance, en charisme et pour réussir à s'affirmer. Dès notre première rencontre, il m'a fait part de sa motivation pour enfin écrire sa légende et pour réussir à se sentir lui-même en société. C'était un homme qui avait réalisé de belles choses dans sa vie : il avait une femme, trois enfants dont un déjà à l'université, était responsable des ventes dans une grande entreprise. Il avait de l'assurance, un sourire communicateur et une très belle énergie.

Quel était donc le principal problème de Frédéric ? Je l'ai découvert en lui demandant simplement : « Avant de prendre une décision, quelles sont les pensées qui se bousculent dans ton esprit ? » En règle générale, nous essayons de peser le pour et le contre d'une décision et de suivre ce qui nous importe. Pourtant, Frédéric faisait des choix en fonction de pensées dirigées vers « Qu'est-ce que les autres vont penser de moi ? ».

Voyez-vous l'énorme différence entre les deux situations ? Si vous observez votre quotidien, vous remarquerez rapidement si vous prenez une décision en fonction de vous ou en fonction des autres.

En prenant conscience de sa réponse, Frédéric s'est ouvert à moi en me disant : « Alex, j'ai l'impression que je fais une dépression, je n'ai plus goût à rien. »

Cette phrase m'a fait froid dans le dos et j'ai creusé pour comprendre ce que Frédéric vivait à l'intérieur de lui alors qu'en société il représente un homme très heureux. « Je dis toujours "Oui" à mon patron quand il me donne un dossier à traiter à 18 heures et que forcément c'est urgent. Je pars en vacances là où ma femme et mes enfants désirent aller. Je passe tous mes week-ends aux compétitions sportives de mes enfants. » Puis il en vient à me dire : « J'ai l'impression de ne rien faire pour moi. » C'est la caractéristique première d'une personne qui cherche à faire plaisir aux autres et qui a du mal, ou même qui est dans l'incapacité de s'affirmer, de prendre des décisions pour soi.

En l'aidant à répondre à la fameuse question « Qui suis-je ? », j'ai accompagné Frédéric à prendre confiance en lui et à exprimer ses désirs, ses envies, ainsi qu'à dire « Non » à certaines situations. Le changement s'est fait en douceur et je vous propose de vous demander désormais : « Quelles sont les situations où vous devez plus vous écouter ? Quels sont les moments où vous devrez vous affirmer car votre bien-être est tout aussi important ? »

Peut-être que vous aussi, vous avez eu tendance à choisir un cursus professionnel pour avoir un bon job, un titre honorifique et faire plaisir à vos parents ? Que vous portez des costumes pour faire bonne impression à votre supérieur hiérarchique ? Que vous buvez de l'alcool afin de faire comme les potes et ne pas vous sentir différent ? J'étais exactement comme vous, dans une recherche continue de faire plaisir aux autres, quitte à m'oublier moi-même.

En me rendant compte de cette situation, j'ai décidé de prendre du recul, de me couper du monde extérieur et de m'isoler. J'ai pris de la distance vis-à-vis de mon téléphone, des réseaux sociaux, des sorties, je me suis au contraire recentré sur moi en lisant un maximum, en réalisant les exercices de développement personnel avec la volonté de toujours apprendre le plus possible sur moi, sur mes émotions et comment contrôler mon cerveau pour en faire une force.

À travers mes recherches, j'ai compris une chose qui m'a tout simplement libéré ! Grâce à ce petit élément, j'ai pu me dédouaner. Et j'espère que vous pourrez en faire de même car on ressent alors un vrai sentiment de légèreté. En effet, j'ai compris que ce n'était PAS ma faute si j'avais toujours cherché à faire plaisir aux autres et que je les faisais passer avant moi. Pour ma part, je pensais bien faire. En ayant eu des parents formidables prêts à tout pour leurs enfants, j'ai simplement répété leur schéma, à savoir m'oublier pour faire plaisir…

Imaginez le bonheur que j'ai pu ressentir en comprenant mon schéma de réaction. Moi qui pensais être anormal, avoir été stupide, ignorant ou encore immature, je me suis réveillé avec une parfaite compréhension de mon comportement et avec l'idée que je n'étais pas le problème.

Alors, que s'est-il passé pour que je me sente soulagé d'un coup ? Qu'est-ce que j'ai compris de si important ? Avez-vous une petite idée ?

La prise de conscience a été radicale car elle m'a permis de comprendre comment je réalisais mes choix. En fait, je me suis rendu compte que chaque décision que je prenais était liée à des influences inconscientes que j'avais pour la plupart reçues dans mon enfance. En d'autres termes, ce n'était pas uniquement ma faute si je n'avais pas pu avoir l'électrochoc plus tôt.

En effet, toutes les décisions que vous prenez et toutes les actions que vous réalisez se font en fonction d'influences quotidiennes. C'est pourquoi vous devez apprendre à les appréhender. En tant qu'être humain, nous avons forcément des envies qui évoluent, et nos rêves avec. Sachez que beaucoup de choses se forment dans notre inconscient, et je vais donc m'y attarder un moment.

NOS CHOIX SONT DIRIGÉS PAR NOTRE INCONSCIENT !

Je vais me répéter une nouvelle fois, mais c'est important : il faut savoir que les influences que nous recevons au quotidien vont très souvent se loger dans notre inconscient. Nous prenons des décisions et ressentons des émotions sans même nous en rendre compte.

L'exemple le plus parfait consiste à vous demander : pensez-vous à respirer ? À faire battre votre cœur et circuler votre sang ? Non, ce sont des choses que vous faites instinctivement, naturellement, parce que votre inconscient travaille constamment.

Pour aller plus loin, j'ai étudié comment notre inconscient forme nos choix. Il existe quatre influences principales qui ont un enjeu capital sur vos décisions. Et si vous prenez conscience de leur impact sur votre vie, vous allez naturellement vous en protéger, vous écouter, et je vous le souhaite, être en mesure de vivre la vie que vous désirez.

La première influence ne sera sûrement pas une surprise pour vous, mais elle est extrêmement puissante.

L'ÉDUCATION FAMILIALE ET LA CULTURE

Peut-être l'avez-vous deviné : il s'agit tout simplement de l'éducation parentale et familiale que l'on reçoit.

Quand on y pense, notre premier objectif est de faire plaisir à nos parents. Nous cherchons leur amour, et par conséquent, leur validation. C'est pourquoi l'éducation que nous recevons de leur part est très importante à nos yeux. Si vous refaites le fil de votre vie, vous remarquerez que les notions de bien et de mal vous ont été inculquées par vos proches. Que ce soit au travers des coutumes, de la religion, des comportements ou pensées de vos parents, vous allez construire votre monde en fonction de ce que l'on vous a dit.

Je tiens à préciser que cette influence se crée même si vous avez grandi dans un environnement sans beaucoup d'amour, troublé par des conflits réguliers. Vous chercherez alors simplement à aller à l'encontre de ce que vos proches considéraient comme important. Vous entrerez dans une phase de rébellion, mais cela ne limitera en rien l'influence que vous avez reçue et qui se répercutera dans vos choix.

LES SOUHAITS DE MES PARENTS POUR MOI

Posez-vous maintenant une petite question : « Qu'est-ce que mes parents ont toujours voulu pour moi mais qui n'est pas un réel besoin personnel ? »

Pour ma part, par exemple, ma mère aurait voulu que j'accepte le CDI qui se présentait à moi, plutôt que de me lancer dans le coaching. Je vois également des personnes en coaching qui tombent amoureuses d'autres personnes qui ne partagent pas la même religion ou les mêmes coutumes, et cela pose problème à leur famille d'origine.

Un autre exemple serait que vos parents désirent que vous repreniez l'entreprise familiale alors que vous aimeriez faire autre chose de votre vie professionnelle. Ou encore toutes les remarques que l'on peut entendre quand on est célibataire et sans enfants aux repas de famille.

C'est à vous :

____

____

____

____

____

Je pense à un jeune homme que j'ai eu en coaching, Éric, qui me disait : « Alex, mes parents ont toujours voulu que je reprenne l'entreprise familiale mais j'ai une envie très forte de me lancer dans le domaine artistique, que dois-je faire ? »

Éric avait la réponse à l'intérieur de sa question. C'est un choix qui n'est pas simple à réaliser car on se met à nu et on doit porter ses responsabilités, mais il est évident que si on ne souhaite pas avoir de regrets, il faut faire des choix en fonction de ses envies profondes. Sinon, comme pour toutes les décisions que l'on ne prend pas en fonction de nos envies réelles, on se retrouve plusieurs années après à les regretter et à se dire qu'on est sûrement passé à côté de sa vie.

L'influence familiale n'est bien évidemment pas que négative et il faut prendre en compte que l'entourage souhaite souvent notre bonheur. Simplement, quand nous prenons une décision, nous sommes inconsciemment attirés par leur vision.

L'ÉDUCATION SCOLAIRE

L'éducation scolaire que nous recevons joue aussi grandement dans nos choix. Je ne veux pas entrer dans un débat sur l'importance d'une réforme scolaire pour permettre de s'adapter aux changements de notre société. La seule chose que je veux que vous reteniez, c'est que la majorité des règles que vous avez en tête vous ont été transmises par l'éducation scolaire.

À l'école primaire, nous développons une relation particulière face aux attentes d'un maître ou d'une maîtresse qui a des exigences spécifiques auxquelles il faut s'habituer. On nous demande d'écouter, de respecter des consignes, et d'obéir, que cela nous plaise ou non, avec l'idée qu'il faut en passer par là parce que c'est ainsi et pas autrement…

Au-delà du côté purement scolaire, on grandit ainsi avec une vision de récompense, de performance, en lien avec des attentes que nous n'avons pas choisies et sur lesquelles nous n'avons parfois aucun contrôle. C'est une forme de restriction de vos rêves qui va vous amener à faire plaisir aux autres et à tout faire pour suivre ce qu'on vous dit.

Je me souviens avoir rencontré Thomas, adolescent qui était frustré d'avoir choisi la filière S (scientifique) car pour ses parents, cela signifiait qu'il était le meilleur, alors qu'il avait plus de facilité avec les lettres et qu'il souhaitait s'orienter vers la section L (littéraire). Ce n'est pas si grave, me direz-vous ? Peut-être aurez-vous raison, mais n'oublions pas que chaque petit choix va intervenir sur notre moral et la qualité de notre quotidien ; c'est pourquoi je souhaite que vous preniez conscience de cette influence scolaire et sociétale. Si aujourd'hui vous avez un métier qui ne vous plaît pas, sachez que c'est parce que la société l'a très souvent valorisé à votre détriment.

Ce n'est pas facile de savoir ce que l'on veut quand on ne nous a jamais appris à avoir confiance en nous, à croire en nos valeurs, à définir nos envies et projets. C'est pourquoi il est important de se connecter à notre « moi intérieur », de comprendre nos envies et de garder en tête que nous avons une légende à écrire – une légende personnelle.

Pour conclure sur cette deuxième influence, j'aimerais citer un exemple que Carine Montrésor, décorée de la médaille de l'honneur et enseignante, m'a transmis dans le podcast « Écris Ta Légende » épisode 26 : si on demande à un poisson rouge de grimper à un arbre, il va forcément se sentir bête et perdre totalement confiance en lui. En revanche, si on le met dans son élément, dans un bassin d'eau, alors les perspectives changent immédiatement[7]. Nous avons quelque chose de spécial à nous qu'il convient de prendre en compte car il est possible que nos proches ou l'école ne nous aient pas permis de l'exploiter à fond.

LA SOCIÉTÉ

L'autre influence, qui reste tout aussi puissante si ce n'est plus, car elle est logée directement dans notre inconscient, nous est transmise par la société. Un besoin impérieux nous vient d'acheter les dernières chaussures de grandes marques, de prendre soin de son corps pour être musclé·e et plaire, de répondre à des standards sociétaux, etc. C'est une façon de vouloir plaire au plus grand nombre, d'être accepté·e et aimé·e, en s'appropriant ce qui paraît être le mieux et le plus valorisant.

Nous subissons d'ailleurs ces influences au quotidien sans forcément nous en rendre compte, que ce soit à la télévision, *via* les grands panneaux publicitaires sur les routes, dans les

7. C'est une réflexion empruntée à Albert Einstein : « Tout le monde est un génie. Mais si vous jugez un poisson à sa capacité de grimper à un arbre, il vivra toute sa vie en croyant qu'il est stupide. »

films et séries où se glissent des placements de produits, sans oublier tous les réseaux sociaux qui nous prennent de plus en plus de temps.

Attention, je ne suis pas en train de vous dire que vous n'avez pas le droit de vous faire plaisir en vous procurant les vêtements de votre marque préférée ou de tout faire pour apprécier votre image dans le miroir. Bien évidemment que si c'est ce que vous aimez au plus profond de vous, alors vous devez vous autoriser à vivre ces moments. En revanche, je veux vous rappeler l'influence de la société, car parfois, on se dévalorise, on se dit qu'on est moins bien que les autres, on perd confiance en soi à cause de cette pression ambiante.

Je vais vous donner un exemple concret. J'ai accompagné un footballeur professionnel, qui a extrêmement bien réussi dans sa vie pro, qui fait le métier qu'il rêvait de faire dans son enfance. C'est d'ailleurs un joueur pour qui j'avais et j'ai encore énormément d'admiration.

Quand il m'a contacté, il m'a évoqué des choses très difficiles de son enfance qu'il n'avait jamais évoquées, il m'a parlé de ses doutes, de ses craintes, j'avais vraiment en face de moi un homme, un être humain avec ses peurs, exactement comme je peux en avoir aussi, et comme tous mes coachés ont également. Pourquoi je vous en parle ? Car si vous regardez son sourire à la télévision ou sur ses réseaux sociaux, vous ne verrez jamais cette part de lui-même. Pourtant, elle est présente, elle le rend humain, tout comme vous et moi.

La société nous influence constamment et sans vous en rendre compte, vous oubliez de suivre votre intuition ou votre propre choix quand il s'agit de consommation du quotidien. Rassurez-vous, je ne vous jette pas du tout la pierre tant je sais à quel point il est complexe de lutter contre l'influence inconsciente. Mais il devient plus facile de combattre ces influences quand on prend conscience de leur impact et c'est pourquoi je vous en parle aujourd'hui.

NOS ÉMOTIONS

La dernière influence est bien plus personnelle et elle dépend de chacun d'entre nous. Petite pensée spéciale pour les personnes hypersensibles, haut potentiel ou surdouées, dont les émotions se bousculent en permanence dans leur esprit et leur corps.

C'était le cas d'Amandine, une jeune femme de 23 ans pour qui plus rien n'allait dans sa vie. Tout était selon elle un désastre. La raison de cette pensée ? Elle n'arrivait plus à contrôler ses émotions entre son couple en perdition, la pression de son travail, ses parents qui se disputaient constamment, son petit frère qui entrait en crise d'adolescence. Une situation qui l'amenait à être totalement submergée par ses émotions. Ses crises de larmes incontrôlées ne faisaient que détériorer un peu plus son couple, et elle m'a contacté car elle voulait absolument s'en sortir.

La première étape de notre travail a été de lui ouvrir les yeux sur tout ce qu'elle vivait car elle considérait qu'elle avait un problème. Qu'elle était « nulle » pour contrôler ses émotions. Mais quand on regarde de plus près, on peut considérer que de nombreuses personnes se seraient écroulées. Pas Amandine. En observant sa force intérieure, je l'ai vue retrouver un sourire. Ensuite, nous avons travaillé ensemble pour qu'elle puisse compartimenter les émotions qu'elle vivait. Si on mélange tout, on ne peut pas faire les bons choix.

Résultat : elle a décidé de voir son couple comme un moyen de s'évader et préfère désormais ne plus parler de ses problèmes extérieurs à son chéri. Au bout d'une semaine, elle avait pu relativiser l'ensemble de ses soucis et elle maîtrisait ses émotions en focalisant sur son positif, sur sa force et en prenant un problème après l'autre. Pas facile quand on est hypersensible, mais il est possible de mettre son attention sur des points spécifiques, et ainsi, trouver les réponses à l'intérieur de soi.

Nos émotions jouent un rôle très important dans toutes les décisions que nous devons prendre au quotidien. Au final, sans même vous en rendre compte, vos choix dépendent principalement de ces quatre sources d'influences et indirectement, c'est comme si vous ne preniez pas la décision en fonction de VOUS !

Avant de conclure ce chapitre, je voulais vous dire qu'il existe en réalité une cinquième influence que j'ai découverte dernièrement. Quelle est-elle d'après vous ? C'est une influence qui intervient régulièrement, notamment en amour, et bien évidemment, sans que vous vous en aperceviez...

ET L'INFLUENCE COMPLÉMENTAIRE EST...

Jouez le jeu et devinez quelle peut être cette cinquième et dernière influence majeure (réponse sur la page suivante) :

LA DERNIÈRE INFLUENCE...

Je dis qu'il y a 4 + 1 influences car je viens de découvrir la dernière à mon insu : c'est l'ego ! Pendant très longtemps, j'ai réalisé des erreurs au niveau de mes entreprises, de ma vie personnelle, et même de mes relations sociales ou amoureuses parce que mon ego prenait le dessus. Comme j'étais touché par des décisions, je n'avais alors plus aucun contrôle de mes mots et de mes actes.

Dernièrement par exemple, j'ai visité des maisons pour réaliser mon premier achat immobilier avec ma compagne. Au bout d'un certain nombre de visites, nous avons craqué pour une maison proche de Miami. Elle était au-dessus de notre budget et il a fallu que l'on négocie à la baisse. Chose qu'on a réussi à faire ! Sauf que le vendeur nous a demandé de faire les papiers rapidement car il avait besoin de se reloger.

Pendant l'inspection de la maison, nous avons découvert des petits travaux à réaliser pour la somme de 2 500 dollars. J'ai pris mon téléphone pour lui en parler ; il m'a littéralement répondu que je le « faisais chier » pour seulement 2 500 dollars et qu'il ne baisserait pas le prix de la maison... Dans ma tête, tout a fusé et j'ai hésité entre lui expliquer le fond de ma colère (eh oui, je reste un être humain qui peut faire preuve d'impulsivité !), lui dire que tout était fini, ou alors prendre le temps de me poser avec ma compagne et de voir la meilleure solution.

Heureusement, j'ai pris ce temps-là pour me rendre compte qu'on avait déjà réalisé une belle affaire avec la première négociation, et que finalement, si j'avais été autant vexé par son attitude, c'était que mon ego avait été touché. Je me disais : « Mais si ma mère elle-même ne me parle pas comme ça, comment ce type peut le faire ? »

J'avais des raisons de me sentir vexé et de sortir de mes gonds, mais je devais garder la tête froide car la maison était importante, et comme je vous le disais en introduction, j'avais aussi appris le concept de « La carte n'est pas le territoire » en PNL. J'ai d'ailleurs trouvé une solution pour me calmer en essayant de me mettre à sa place. J'ai envisagé qu'il pouvait y avoir différentes explications. Peut-être cet homme était-il triste de devoir quitter sa maison, peut-être se disputait-il avec sa femme ou avait-il des soucis familiaux, peut-être était-il stressé pour des raisons professionnelles...

Face à cette situation, nous avons décidé – grâce au soutien de mes proches pour me calmer ! –, de ne pas nous focaliser sur ses mots ou son attitude, mais uniquement sur notre besoin principal : acquérir la maison qui nous faisait vibrer avec l'envie de pouvoir faire réaliser les petits travaux. Finalement, c'est notre agent immobilier qui a pris les commandes du dialogue avec le représentant du propriétaire afin que les émotions ne rentrent plus en compte, et nous avons pu trouver une solution à l'amiable qui a satisfait tout le monde.

Vous le voyez : l'ego peut être mauvais conseiller, et il vaut mieux prendre son temps et analyser la situation avant de céder à ses injonctions.

Pour être honnête, c'est très rare que je parle de ma vie personnelle pour illustrer une situation, mais je tenais à vous montrer aussi la vie d'un coach et l'évolution que l'on peut vivre en apprenant de chaque situation.

Nous avons maintenant fait le tour de nos 5 principales sources d'influences. On constate que c'est souvent en se comparant aux autres que l'on perd confiance en soi, que l'on se dévalorise, mais aussi que nos choix ne nous appartiennent plus vraiment, qu'ils sont tout simplement extrêmement influencés.

MON SERMENT DE CONFIANCE

Pour ancrer cette pensée et vous aider à vous libérer de votre manque de confiance, je veux que vous répétiez 10 fois à voix haute le serment ci-dessous et que vous puissiez l'écrire également pour envoyer un signal fort à votre cerveau :

« Je fais le serment de ne plus jamais me comparer aux autres. Je fais le serment de croire en mes rêves. Je fais le serment de définir mes projets, même les plus fous. »

« JE FAIS
LE **SERMENT**
de ne plus jamais
ME COMPARER
AUX AUTRES. »

TOUTES LES INFLUENCES NE SONT PAS QUE NÉGATIVES !

Avant d'aller plus loin, j'aimerais vous faire un partage important. Il m'arrive de parler d'influences et notamment celles qui vous amènent à avoir des fausses croyances, des pensées négatives, des doutes, et bien d'autres choses.

Pour autant, elles ne sont pas toutes et toujours négatives, bien au contraire. Dans certaines situations, on peut considérer que certaines influences vont avoir un rôle important à jouer dans notre évolution. Prenons le cas de l'influence scolaire qui reste tout de même une nécessité lorsqu'il s'agit d'apprendre, de se découvrir, de nouer des relations sociales.

Comme dans toutes les situations de vie, il y a toujours du positif et du négatif à évaluer pour s'assurer que l'on prenne les bonnes choses et qu'on ne rejette que les mauvaises.

LE BON ET LE MAUVAIS

Faisons tout de suite un petit exercice pour observer le positif et le négatif de chaque influence. Recopiez le tableau ci-contre (sans mes exemples) et remplissez-le avec vos propres réponses à la question : « Quels sont les résultats et pensées obtenus en fonction des différentes influences ? »

Influence	Positif	Négatif
Famille	*Je peux croire en mon rêve de devenir basketteur*	*Je dois trouver un CDI plutôt que de créer mon activité*
École	*Mes études en sciences humaines, j'ai énormément appris*	*J'étais « bête » car je n'ai pas été admis dans une grande école de commerce*
Société	*M'aide à me surpasser* *Rien n'est jamais acquis* *Envie d'aider un maximum de personnes*	*Essaye de me mettre dans des cases* *Je dois faire comme tout le monde alors que je suis à part*
Émotions	*Suivre mon intuition* *Bien-être au quotidien* *Joie de vivre*	*Manque de confiance en soi* *Peur de décevoir les autres* *Timidité très forte*
Ego	*Il me permet de me surpasser dans mon travail*	*J'ai tendance à me braquer quand mon ego se réveille*

Ce tableau vous aidera à faire preuve de discernement, et surtout, à mieux vous connaître pour cerner la source de vos réactions, qu'elles soient positives ou négatives.

Il faut parfois savoir prendre du recul pour ne pas laisser ses émotions prendre le dessus et toucher notre ego. C'est un exercice qui demande de la maîtrise mais je pense sincèrement que l'on ne parle pas suffisamment de l'influence de notre ego sur nos choix et nos actions.

En tout cas, cela a été une vraie révolution pour moi quand je me suis aperçu du rôle des émotions et de l'ego dans mes prises de décision. Parfois, on sait que l'on va dans le mauvais sens mais on ne peut presque pas s'empêcher d'y aller. Je dis « presque » car désormais, vous allez apprendre à vous connaître pour vous faire passer en priorité et vous allez aussi pouvoir tirer une leçon de votre passé, de vos erreurs, des actions que vous auriez dû entreprendre.

N'ayez vraiment pas peur de faire ce travail d'introspection qui consiste à se regarder dans le miroir et à faire preuve d'analyse. Tout le monde a commis des erreurs et c'est en les observant que vous allez pouvoir les identifier et les éviter, prérequis indispensable pour écrire votre légende.

DES CHOIX SOUS INFLUENCE

Après avoir lu ces lignes, j'aimerais que vous repensiez à toutes les grandes décisions de votre vie et que vous vous demandiez pour chacune d'entre elles : était-ce une décision personnelle ? Ou alors un choix fait sous une influence inconsciente ? Et dans ce cas, de laquelle ou desquelles s'agissait-il ?

Exemples :
Les études réalisées : était-ce vraiment ce que vous désiriez ?
Le sport choisi : c'était votre passion ou celle de vos parents ?
Le bien immobilier : c'était votre choix ou celui de votre partenaire ? D'une tierce personne ?
Votre carrière : était-ce par plaisir ? Pour l'argent ? Pour la renommée ?

Il y a quelque chose d'extraordinaire avec nous, les êtres humains, c'est que nous sommes en mesure d'évoluer à partir du moment où on demande à notre inconscient de se concentrer dessus. En d'autres termes, vous allez pouvoir porter votre attention sur l'interprétation de vos prises de décision, et ainsi faire de meilleurs choix à l'avenir.

APPRENDRE À SE CONNAÎTRE

Comprendre les influences qui déterminent vos décisions est très important, et c'est déjà un grand pas que vous avez effectué. Vous pouvez maintenant aller un peu plus loin et apprendre à vous connaître en profondeur. Comment ? En cherchant dans votre passé ce qui vous définit aujourd'hui...

REGARDEZ VOS BLESSURES EN FACE

On n'évoque que rarement ce mot : blessure. Et pourtant, il est capital ! Il faut savoir que nous sommes à l'âge adulte le reflet de nos blessures d'enfance (ou d'adolescence). Tout ce que nous avons vécu est enregistré dans notre cerveau tel un disque dur et c'est ce qui crée des « ancrages ». Il s'agit d'un automatisme inconscient lié à une pensée, un mot, une action, une référence que notre cerveau a enregistrés précédemment. Dans son excellent ouvrage *La Guérison des 5 blessures : rejet, abandon, humiliation, trahison, injustice*[8], Lise Bourbeau nous amène à réfléchir sur les événements de notre passé qui ont une incidence sur notre vie actuelle.

---

8. Pocket, 2013.

Prenons un exemple que je vois fréquemment en coaching. Si une personne a manqué d'amour de la part de ses parents dans son enfance, elle va connaître une blessure qui peut prendre différentes formes, comme celle du rejet ou de l'abandon par exemple. En grandissant, elle va chercher à exister dans le regard des autres, notamment *via* la dépendance affective dans une relation sentimentale. Elle va donc tout faire pour obtenir l'amour de l'autre quitte à se reléguer au second plan. Situation qui amène une perte de confiance et une instabilité affective. C'est uniquement en faisant un travail sur elle-même, en commençant par le « Qui suis-je ? » qu'elle peut soigner cette blessure du passé, entrevoir ses qualités, obtenir une nouvelle image du passé et vaincre cette blessure, quelle qu'elle soit.

Cela est valable dans un autre domaine également. Prenons l'exemple de Mehdi, un jeune homme de 26 ans qui vivait sa première expérience professionnelle après avoir obtenu deux masters. Il m'a contacté car il n'arrivait pas à se détacher du besoin d'être parfait auprès de son chef d'équipe.

Il était en constante recherche de son approbation et d'une valorisation de son travail. Pourquoi ? Tout simplement car il avait peur de mal faire, et en parallèle, d'être rejeté. Mehdi avait pourtant grandi dans une famille très aimante. Seulement, ses parents l'avaient habitué à toujours chercher plus. Il s'était mis en tête que pour réussir à plaire à ses proches et notamment ses parents, il devait toujours être le meilleur, sinon il serait mis de côté.

Problème : cette recherche d'approbation a commencé à étouffer son chef qui lui a demandé d'être plus indépendant et moins dans le besoin. C'est à cet instant qu'il a pris contact avec moi et que nous avons étudié sa blessure du rejet. Il a suffi d'une seule fois où sa mère a été déçue pour que cette image lui reste en tête et qu'elle le perturbe. Parfois, nos proches peuvent avoir des attitudes qui vont nous marquer à vie sans même qu'ils le sachent ou qu'ils le souhaitent.

Si vous sentez que vous avez besoin d'être rassuré·e constamment, peu importe le domaine dans lequel vous êtes, vous devrez travailler sur les blessures et les ancrages du passé. Une fois identifiés, vous remarquerez qu'il est bien plus simple de les surmonter et de se faire confiance.

Autre exemple. Vos choix actuels peuvent être une protection vis-à-vis de votre passé. Si vous avez vécu une rupture douloureuse car un homme ou une femme vous a quitté·e du jour au lendemain, il est fort probable que, dans votre relation actuelle, vous ayez la peur de perdre votre partenaire et que votre attitude générale soit le fruit de cette blessure.

Il faut savoir que ces blessures sont très présentes, et qu'elles peuvent se réveiller à tout âge. Martine a 63 ans et vit au Québec. Elle m'a contacté car l'homme de sa vie commençait à être froid, distant, et qu'il ne s'investissait plus comme il avait pu le faire par le passé. Vous imaginez les émotions qu'elle pouvait ressentir ? La peur de le perdre, l'angoisse de ne pas être à la hauteur, la perte de confiance en elle, surtout à son âge !... À cet instant, nous devons rompre avec les schémas négatifs pour nous concentrer sur nous-mêmes et sur nos qualités.

L'exercice que nous avons réalisé ensemble et qui a eu pour but de l'aider à se projeter avait un seul objectif : celui d'entrevoir le positif. Voici les questions qu'on a étudiées ensemble : « En quoi es-tu une bonne partenaire ? Quelles sont les qualités qui ont su attirer ton compagnon ? Qu'est-ce que tu veux mettre en avant de positif chez toi, dans ta vie ? »

La deuxième étape du travail consistait à travailler l'acceptation que son homme puisse rentrer dans sa grotte car elle n'était pas la cause de son mal-être actuel. L'objectif recherché était clairement de l'aider à se déculpabiliser car, quand on a une blessure du passé, on aime prendre soin de l'autre et se mettre tous les torts sur le dos.

Enfin, la dernière étape consistait à ne pas simplement alimenter le négatif et les problèmes, mais également à observer ce qu'on aimerait vivre. Plutôt que de voir ce qui ne va pas, on va se demander « Qu'est-ce que je veux vivre avec l'autre ? ». Martine a ainsi pu soulager ses émotions et se dire : « Je souhaite partir en vacances avec mon homme, je vais organiser une soirée romantique à la maison et l'inviter à venir à la salle de sport avec moi. » En parallèle, elle lui a donné l'espace dont il avait besoin et son homme est revenu plus engagé que par le passé. Note importante à prendre en compte : quand on contrôle ses blessures du passé, on inspire plus confiance à l'autre car il nous perçoit comme une personne forte, en pleine écriture de sa légende.

Je tenais à souligner qu'il n'est pas si évident de déterminer quelles blessures ont forgé notre personnalité. Le départ d'un parent pendant l'enfance n'entraîne pas forcément la blessure d'abandon, comme on pourrait le penser : deux frère et sœur pourront vivre complètement différemment ce même événement. L'un peut y voir un abandon et l'autre une injustice. Ce qui va les construire, c'est la façon qu'ils auront de le percevoir et la réaction qu'ils auront face à ce trauma.

C'est pourquoi le développement personnel est si complexe : il n'y a pas de remède miracle, de formule toute faite. Il faut sans cesse tout analyser en profondeur. D'où l'intérêt du « Qui suis-je ? » qui invite à se questionner sur notre interprétation du passé et à trouver en nous des réponses qui nous sont propres, *via* des exercices pratiques.

Le travail d'introspection pour apprendre à se connaître permet dans un premier temps d'identifier nos faiblesses, nos axes d'amélioration, d'être conscient de nos limites pour pouvoir les surmonter.

Et pour cela, rien de mieux qu'un miroir !

MIROIR, MON BEAU MIROIR…

Le travail d'analyse que vous pouvez réaliser consiste à simplement vous regarder dans le miroir afin d'avoir une conversation avec vous-même. L'exercice est plus complexe qu'il n'y paraît mais il permet d'aller en profondeur pour bien apprendre à se connaître.

Une fois que vous serez face au miroir, vous allez réaliser une action complètement dingue, vous allez jurer comme si vous étiez dans une série américaine que vous direz la vérité, toute la vérité, rien que la vérité.

Ensuite, je vous invite à répondre à 7 questions, en étant bien évidemment le/la plus honnête possible.

1. Quelles sont mes qualités ?
2. Qu'est-ce qui fait de moi une bonne personne ? Un·e bon·ne partenaire ?
3. Dans quel domaine dois-je m'améliorer ?
4. Quelles sont les actions qui amènent de la peur chez moi ?
5. De quoi ai-je vraiment envie dans ma vie ?
6. Quelles sont les erreurs que je répète fréquemment ?
7. Quelles sont les choses qui m'apportent du bonheur ?

Je rencontre beaucoup trop de personnes qui en ont peur, qui ne souhaitent pas les affronter et qui se retrouvent dans une situation de mal-être continu car leur attention se trouve justement entièrement consacrée à évaluer leur négativité.

De notre côté, on veut les prendre en compte, les combattre et se satisfaire des avancées. C'est ainsi qu'on arrive à faire un travail de développement personnel et non simplement à rester en surface.

Évidemment, tout n'est pas que négatif dans notre passé et nous pouvons également apprendre à nous connaître en nous concentrant sur les valeurs que nous avons forgées au fil des années.

IDENTIFIEZ VOS VALEURS

Après avoir étudié les blessures du passé pour mieux se connaître, le voyage du « Qui suis-je ? » continue avec l'analyse de ce qu'on appelle « les valeurs ». C'est un terme que l'on évoque très peu dans la vie quotidienne mais qui est une notion capitale en matière de développement personnel.

Il s'agit en résumé de chercher à identifier quels sont les mots importants pour vous car ils composent votre bien-être au quotidien. Voici quelques exemples de valeurs : l'amour, le partage, la générosité, le respect, la bienveillance, l'indépendance...

Comment découvrir vos valeurs ? Voilà une question à laquelle il n'est vraiment pas simple de répondre. Je ne vous cache pas qu'il m'a fallu plusieurs années pour que je comprenne concrètement le sens de ce mot. Et puis, je me suis orienté vers une méthode qui m'est propre et que j'aimerais vous partager.

Il s'agit de se poser deux questions : « Qu'est-ce qui m'apporte du bien-être ? Qu'est-ce que j'aime faire dans ma journée ? » Grâce à ces questions, vous allez pouvoir observer ce qui est important pour vous et ainsi créer votre propre système de valeurs.

Si vous prenez le temps de répondre à ces deux questions, et de relier vos réponses aux valeurs associées, vous aurez déjà une belle analyse de votre système de valeurs.

IDENTIFIER CE QUE J'AIME

Comment repérer ce que l'on aime pour définir ses valeurs ? En faisant une liste des choses importantes pour moi, j'ai pu créer mon système de valeurs :

1. *Avoir du temps d'inspiration pour écrire (valeur : transmission).*

2. *Écouter de la musique (valeur : bien-être).*

3. *Avoir le sourire, interagir avec les gens et être un maximum sociable (valeur : socialisation).*

4. *Faire plaisir aux gens qui m'entourent (valeur : bienveillance).*

5. *Bien manger (même si je fais parfois des excès de chocolat) (valeur : santé).*

6. *Faire du sport (valeur : prendre soin de moi).*

7. *Donner le meilleur lors des événements que je réalise (valeur : succès).*

À vous maintenant... Prenez quelques minutes pour écrire ce qui est important pour vous au quotidien, spontanément. Vous pouvez compléter un peu vos réponses chaque jour, sur un mois par exemple.

___

___

___

___

___

___

___

___

C'est un excellent exercice qui permet d'apprendre à se connaître, et surtout de savoir si on vit « pour soi », à savoir si on a un quotidien qui nous ressemble et nous apporte des éléments positifs.

QUELLES SONT VOS VALEURS DITES « HAUTES » ?

Une fois que vous avez identifié vos premières valeurs, je vous invite à prendre conscience du voyage personnel que vous êtes en train d'expérimenter. C'est une vraie analyse que vous vivez pour mieux vous comprendre, pour être en mesure de mettre le doigt sur ce qui est important à vos yeux et c'est ainsi que vous allez pouvoir communiquer efficacement avec vos proches, avec votre partenaire, avec les personnes qui vous entourent globalement. Vous devez dès à présent être capable d'accéder à plus de bien-être. Mais ce n'est pas encore fini ! Il faut aller un peu plus loin pour étudier vos « valeurs hautes ».

À chaque fois que je vais employer l'expression « système de valeurs », je veux que vous visualisiez le manuel de montage d'un meuble. Très facile pour certains, très complexe pour d'autres, il demande du temps pour être assimilé, l'exploiter et réussir ses projets.

Votre mission pour réaliser une introspection plus pointue sera d'ordonner les valeurs citées lors de l'exercice précédent. Pour y parvenir, on va tout simplement les comparer les unes aux autres pour ne retenir que celles qui sont les plus fortes chez vous.

LE TOP 5 DE MES VALEURS

Si vous avez noté par exemple « le respect » et « la gentillesse » comme valeurs de vie, vous devrez faire un choix entre ces deux notions : laquelle est la plus importante selon vous ?

Cet exercice est à répéter autant de fois que de mots que vous avez notés, de sorte à obtenir une classification des 5 valeurs les plus importantes pour vous. C'est à cet instant que vous découvrirez les valeurs qui sont dites « hautes », à savoir celles qui l'emportent quand vous les comparez à d'autres.

1. ______________________________

2. ______________________________

3. ______________________________

4. ______________________________

5. ______________________________

Pour rebondir sur l'exemple précédent, imaginons que le respect soit une valeur qui l'emporte sur les autres, vous saurez que vous aurez besoin de cet aspect dans votre quotidien pour réussir à vous épanouir. C'est ainsi que vous allez pouvoir vous affirmer plus facilement quand une personne hausse le ton, vous pourrez également évoquer la notion de respect quand on vous demande « Qu'est-ce que vous attendez de votre partenaire ? », ou encore que vous saurez éduquer vos enfants sur la définition du respect pour vous et que ce sera inconsciemment l'un de vos premiers enseignements.

Si vous vous demandez à quoi peut ressembler un système de valeurs, je tiens à vous préciser qu'il n'y a pas de bonnes ou de mauvaises réponses. C'est un exercice très personnel.

Pour ma part, après avoir travaillé pendant des années sur ces questions, je suis arrivé à un Top 5 des valeurs qui caractérisent mon quotidien :

1. la bienveillance,
2. le respect,
3. l'excellence (toujours donner le meilleur de soi-même),
4. le plaisir,
5. la liberté.

Je cherche jour après jour à obtenir ces valeurs dans ma vie. Que je sois en France ou aux États-Unis, avec mes proches ou des inconnu·e·s, au travail ou en vacances, je fais en sorte de rechercher ces valeurs pour m'assurer que je suis pleinement moi et donc épanoui.

Et comme vous pouvez vous en douter, je suis malheureux, triste et négatif quand j'en suis privé ! C'est donc très important de connaître son système et ce qui compose notre bonheur.

Pour aller plus loin, vous pouvez noter ce que vous ne souhaitez plus jamais vivre ou ressentir comme émotion négative (voir l'exercice « À bannir » page 117). En analysant ce qui vous répugne et ce que vous désirez absolument éviter dans votre vie, vous aurez une belle vision d'ensemble de votre système de valeurs.

CRÉEZ VOTRE SLOGAN

Le dernier point essentiel pour finaliser ce système de valeurs consiste à créer votre propre slogan ou devise. C'est un exercice que j'adore réaliser avec mes coaché·e·s, pour leur permettre de poser les bases de leur « Qui suis-je ? ».

Qu'est-ce que ce fameux slogan ? Tout simplement une phrase personnelle qui va résumer en quelques mots votre état d'esprit. Cette phrase sera le moteur de votre quotidien et elle vous permettra de définir votre philosophie de vie.

Pour ma part, j'ai deux phrases qui me restent tout le temps en tête :

→ La première est : « Vas-y, fais-le, mais fais-le bien. » La phrase que mon père m'a transmise le jour où je lui ai timidement dit que je voulais devenir coach.

→ La deuxième est : « Si tu ne t'aimes pas, qui le fera à ta place ? » Elle se décline en différentes versions, comme : « Si tu ne crois pas en toi, qui le fera à ta place ? » Elle me permet de remettre en perspective mes émotions et de me remotiver. C'est un moyen pour moi de ne pas douter et de retrouver une force intérieure dès que j'en ai le besoin.

Attention, je tiens à repréciser que ces phrases sont personnelles et que l'objectif de ce livre est de vous aider à trouver vos propres réponses.

MA DEVISE

Je suis persuadé qu'en lisant mes exemples, vous avez une phrase qui vous est revenue en tête et qui vous booste. Alors prenez une minute pour la noter sur votre téléphone, sur une feuille, pour l'accrocher sur le frigo et qu'elle devienne votre devise. Suivez votre intuition et écoutez ce que vos « tripes » vous disent !

Répétez-la chaque matin en vous concentrant sur vos valeurs fortes, celles qui prédominent vos envies. Vous saurez alors exactement ce que vous souhaitez vivre pour vous épanouir.

Comme je vous l'expliquais en début de partie, je ne me rendais pas compte que le travail pour cette méthode 3W allait vraiment devoir être réalisé tous les jours. Et pourtant, c'est bien au quotidien que vous allez apprendre à vous connaître. C'est un voyage personnel qui ne se termine jamais.

COMMENT APPRENDRE À S'AIMER ?

J'aimerais continuer le travail commun sur la notion de « Qui suis-je ? » afin de parler de confiance en soi, et plus précisément de « Comment réussir à s'aimer ? », surtout quand on n'a jamais eu cette sensation…

Je sais que vous avez envie d'écrire votre légende mais que vous avez la sensation de ne pas être assez bien, de ne pas avoir de chance, de ne pas avoir confiance, de ne pas avoir les ressources en vous, etc. Autant de fausses croyances que l'on va détruire ensemble !

Je me rends compte que nous sommes excellents pour repérer nos défauts, nos manquements, là où nous ne sommes pas parfaits, mais en revanche incapables de trouver nos qualités. C'est pourquoi je vous ai demandé jusqu'à maintenant d'observer en quoi vous étiez une belle personne ainsi qu'un·e bon·ne partenaire.

Pour autant, d'autres prises de conscience peuvent aider à apprendre à s'aimer. Je pense à Sylvie que j'ai accompagnée personnellement pendant plus de huit mois. Quand elle m'a contacté, elle était perdue dans sa vie et ne savait plus quoi faire. Je l'ai accompagnée dans mon activité de coach en amour car elle souhaitait absolument se remettre d'une rupture. Elle était plutôt déprimée, pour ne pas dire complètement au fond du trou. Elle enchaînait les séparations et se sentait complètement dévalorisée. En plus de cela, elle venait de se faire licencier, n'avait plus de projets d'avenir et son énergie était très basse.

C'est en creusant sur ses situations que j'ai compris que Sylvie n'avait pas une problématique amoureuse mais plutôt une situation de mal-être personnel car elle ne se sentait pas en place dans sa mission de vie. On en parlera dans la prochaine partie plus en détail, mais c'est ainsi qu'elle a eu une révélation et s'est rendu compte qu'elle souhaitait faire ce qu'elle aimait le plus : la danse latine. Elle a pu prendre conscience de cette réelle passion, au point de décider d'en faire son métier à plus de 46 ans... Résultat de nos entretiens, elle a entrepris un travail de reconversion pour organiser des voyages à l'international afin de mêler expérience de vie et cours de danse. Pas facile à cet âge de se remettre en question, de trouver des clients potentiels, mais elle n'a pas lâché, et bien aidée par ses proches, elle a su trouver un positionnement que personne d'autre ne proposait. Pari réussi !

Comme quoi, quand on est dans sa mission de vie, sa zone de génie, et qu'on se connecte à ses valeurs, on a de grandes chances d'accomplir ses rêves. Fou et extraordinaire n'est-ce pas ?

Au fur et à mesure de notre travail sur le fameux « Qui suis-je ? », je me suis ainsi aperçu qu'en réalité, nous étions tous identiques sur un point précis. Lequel, d'après vous ?… En tant qu'adulte, nous avons tous une âme d'enfant avec des rêves qui sont profonds. Pour apprendre à vous aimer, il faut réellement écouter ce que vous aimez et ce que vous aimeriez faire de votre vie.

D'ailleurs, je n'ai jamais aperçu une personne qui n'avait aucune confiance en soi dans tous les domaines de sa vie. Si vous creusez bien, il y a des moments, des activités où vous êtes 100 % confiant en vous. Vous ne me croyez pas ? Alors, que se passe-t-il quand vous êtes en train de pratiquer votre passion ? Est-ce que vous doutez de vous ? Ou quand vous êtes au travail ? Généralement, ce sont les deux domaines où nous avons le plus d'amour de soi car nous savons que nous maîtrisons ces aspects et c'est ainsi que les doutes s'envolent.

LÀ OÙ JE ME SENS EN CONFIANCE

Quels sont les domaines ou situations où vous avez confiance en vous ?

Quand je suis avec mes amis.

Quand je fais ma passion.

Quand je suis au travail.

Dans mon rôle de parent.

Dans ma gestion du quotidien.

Je vais maintenant vous parler de self-love et je pense que vous allez adorer cette partie. En effet, vous l'avez sûrement analysé, le développement personnel dans ma philosophie est associé au surpassement de soi. Écrire sa légende, c'est donner le meilleur de soi-même et repousser ses limites.

Pour autant, le self-love est tout aussi important, c'est apprendre à s'aimer. Prendre conscience qu'on a des qualités et des valeurs : qu'on fait le bien autour de nous, pourquoi les autres nous aiment, quelles sont nos capacités pour réussir dans nos projets, etc. Une phrase que je répète souvent : « Si la terre était peuplée de gens comme nous, ce serait formidable et il y aurait sûrement moins de problèmes ! »

Il y a des moments où nous devons être davantage dans l'amour de soi et la douceur que dans la performance : il s'agit de nourrir sa personnalité et de se pardonner ses erreurs. Il faut soigner toutes les blessures du passé, directes ou indirectes, qu'elles soient de notre fait ou non. Beaucoup de personnes que je coache se sentent mal à cause de choses dont elles ne sont pas responsables. Par exemple, la culpabilité qu'on porte à cause de la séparation de ses parents.

Vous vous demandez comment c'est possible ? En réalité, c'est très fréquent. Je pense par exemple au cas de Sarah, qui a vécu toute son enfance et sa première vie d'adulte en se disant qu'elle était responsable du divorce de ses parents. Ces derniers s'étaient séparés quand elle avait 3 ans et jusqu'à ses 29 ans, elle pensait dans son for intérieur ne pas être une personne que l'on peut aimer car elle avait causé le divorce de ses parents. Comment pratiquer le self-love quand on pense qu'on est à l'origine d'une chose qui détruit généralement notre quotidien ? Notre niveau de confiance ?

Sarah avait besoin d'avoir une discussion importante avec ses parents, de confronter sa réalité à la leur, et donc à la vérité d'une certaine façon. Il n'aura fallu que trois minutes pour qu'elle comprenne qu'elle s'était trompée pendant des années. Ses parents lui ont affirmé qu'elle était la plus belle chose qui leur était arrivée, mais que, simplement, l'amour entre eux s'était éteint petit à petit. Elle était désormais en âge de le comprendre car elle avait déjà vécu cette situation avec ses anciens petits copains. En revanche, le mal était fait et elle a dû repartir de zéro, en pratiquant la méthode des 3W, pour réussir à soigner ses blessures et retrouver goût à la vie.

Le self-love est là pour reprendre confiance en soi. C'est le moment de prendre soin de soi, de se cocooner, de recharger les batteries et de se faire plaisir. Ça passe par de petites choses : aller chez le coiffeur, se faire masser, etc.

REGARDER LE CHEMIN PARCOURU

Pour aller encore plus loin, je dirais que j'ai appris à m'aimer le jour où je me suis aperçu que nous n'avions qu'une seule vie et qu'il était nécessaire de la vivre dans l'authenticité.

Dans les parcours de chacune et chacun, il existe des phases transitoires qui sont de véritables tremplins. Je pense notamment à une femme extraordinaire qui fait partie de ma formation Club Elite qui consiste à accompagner des coachs et entrepreneur·e·s à développer leur activité : Agnès m'a raconté son histoire de vie et j'ai été franchement bluffé. Elle a eu un déclic à 45 ans, après notamment un divorce compliqué : elle a décidé de reprendre ses études pour réaliser un master. Malheureusement pour elle, ses finances n'étaient pas au beau fixe, alors elle a dû travailler tard le soir et les week-ends pour pouvoir payer ses études et assurer une sécurité à son fils. Pour y arriver, elle faisait des ménages dans les grandes entreprises.

Quand elle m'a raconté son histoire, j'étais touché, triste et navré d'apprendre ce qu'elle avait traversé. Elle m'avait touché au plus profond de moi-même. Pourtant, de son côté, elle avait un petit sourire en coin en me disant : « Alex, tu ne te rends pas compte. Non seulement j'étais payée à faire du sport mais en plus j'économisais mon abonnement à la salle de sport. » Je me demande encore comment elle a trouvé cette force de caractère. Pour s'occuper de son fils, travailler si dur, et réussir son master. Je crois bien que c'est parce qu'elle était tout simplement en train d'écrire sa légende ! C'est aussi la raison pour laquelle elle a autant de succès et que je suis très fier de l'avoir comme correctrice de mes ouvrages (dont celui-ci).

Si je vous raconte tout cela, c'est parce que, dans toutes les histoires, il y a un élément commun : une force personnelle incroyable que personne ne soupçonnait vraiment... Je peux d'ailleurs vous raconter une autre expérience, celle de Charline, qui est aussi membre de cette formation Club Elite. Jeune mère de famille, elle se levait toujours une heure plus tôt pour travailler sur son projet. Elle avait le sourire, elle postait sur le groupe privé des membres de la formation, elle expliquait son objectif du jour et elle n'a jamais rien lâché. Résultat : au bout d'un an, elle a quitté son job, vit désormais de son activité de conseillère en image et vient de sortir un livre.

Attention, je ne dis pas que seul l'entrepreneuriat est la voie du bien-être car je peux aussi citer mon ami Aboubacar qui est devenu basketteur professionnel, puis a obtenu un BTS, qui l'amène aujourd'hui à être le plus jeune directeur d'un hypermarché grâce à une grande force de caractère – alors que lui aussi a vécu dans un milieu modeste et était prédestiné à ne jamais atteindre ses objectifs.

Pourquoi je vous raconte tout cela ? Parce que je veux que vous sachiez que tout est possible ! Je veux que vous preniez conscience de votre force intérieure et de ce que vous avez traversé. L'important est de ne pas entrer dans une norme qui ne vous correspond pas complètement. Si vous avez de grands rêves, que vous doutez d'y arriver, j'espère sincèrement que ce livre sera la solution pour surmonter vos craintes, notamment en observant tout ce que vous avez déjà accompli !

Je ne souhaite surtout pas que vous vous placiez des barrières personnelles ou des limites tant je sais que l'être humain est capable de réaliser de grandes choses. Il n'y a qu'à voir tous les challenges que vous avez surmontés dans votre vie jusqu'à maintenant. D'ailleurs, prenons quelques minutes pour retracer ces challenges ensemble.

LA LISTE DE MES FIERTÉS

Nous avons souvent tendance à valoriser ce que les autres font de bien, mais à observer uniquement nos erreurs, nos défauts, nos échecs.

Pour la première fois de votre vie, je veux que vous preniez simplement 10 minutes pour me lister les choses qui vous rendent fier·ère de vous. N'hésitez pas à en lister le plus possible. Vous aurez ainsi une vision globale positive.

Voici quelques exemples :

- *J'ai eu de bons résultats scolaires.*
- *J'ai séduit l'homme ou la femme de mes rêves.*
- *J'ai pu voyager dans de nombreux pays.*
- *J'ai réussi à développer plusieurs entreprises.*
- *J'ai pu changer mon alimentation et éviter le sucre.*
- *J'ai fini par écarter de ma vie un mari violent.*
- *J'offre à mes enfants la possibilité de vivre leurs rêves.*
- *J'ai pu réussir un déménagement dans une ville que je ne connaissais pas.*
- *J'ai appris à parler plusieurs langues.*
- *J'ai perdu 10 kg grâce à une routine sportive.*

C'est à vous !

- ______________________________

- ______________________________

- ______________________________
- ______________________________
- ______________________________
- ______________________________
- ______________________________
- ______________________________
- ______________________________
- ______________________________
- ______________________________
- ______________________________
- ______________________________
- ______________________________
- ______________________________
- ______________________________

Maintenant que vous avez terminé, choisissez les 5 premières dont vous êtes le plus fier·e et retenez-les.

Avant de continuer j'aimerais que l'on se pose quelques questions ensemble sur l'énergie que vous ressentez et sur votre parcours de vie. Comment vous sentez-vous en relisant cette liste ? En réalisant à quel point vous avez été extraordinaire toute votre vie ? Ce n'est jamais facile de repenser à des événements challengeants, alors sachez que je suis très fier de vous !

DÉBARRASSEZ-VOUS DE VOS CROYANCES

Mon objectif aujourd'hui est que vous preniez conscience de toutes les fausses croyances que vous gardez en tête.

Mais d'abord, qu'est-ce qu'une « fausse croyance » ? Ou encore une « croyance limitante » ? Il s'agit d'une pensée imaginaire qui se révèle très souvent négative, et qui vous amène à douter de votre personne. Si vous vous dites « Je ne pourrai jamais parler devant cent personnes, c'est impossible ». Alors vous êtes en train de créer une croyance limitante qui ne vous permet pas d'exploiter votre plein potentiel !

Les grands sportifs entraînent leur cerveau à éviter ces croyances limitantes et à considérer qu'ils sont les meilleurs, qu'ils sont parfaits, et qu'ils n'ont aucune peur ou défaut. C'est d'ailleurs pour cette raison qu'ils peuvent paraître très arrogants en interview ! J'ai eu la chance d'accompagner plusieurs sportifs de haut niveau, et c'est vraiment l'élément qui m'a le plus marqué chez eux. Ils peuvent rater un geste des dizaines de fois, ils vont considérer que ça va fonctionner la fois d'après.

Ils possèdent une foi très forte et un état d'esprit imperméable. C'est cet élément que je souhaite vous transmettre. Vous avez tout à gagner à maîtriser vos peurs du futur et à ne pas faire de fausses interprétations.

MES (FAUSSES) CROYANCES

Et vous, quelles sont vos croyances ? Quelles sont les histoires que vous avez tendance à vous raconter et qui bloquent vos projets ? Dans quelles situations avez-vous des préjugés ? Ou alors dans quelle situation vous partez perdant·e avant même d'avoir tenté votre chance ?

« Créer son entreprise est impossible. »

« Je ne suis pas capable d'aborder une femme qui me plaît. »

« Je ne peux pas devenir mannequin car je suis trop petite. »

« Les riches sont tous des mauvaises personnes. »

« Je ne suis pas qualifié·e pour ce travail. »

« Il/Elle est trop bien pour moi. »

Prenez quelques minutes pour les écrire à votre tour, spontanément.

Les croyances sont enfouies dans notre inconscient, donc n'hésitez pas à prendre votre temps et à revenir sur cet exercice autant de fois que vous le désirez.

RACONTEZ-VOUS LA BONNE HISTOIRE

Vous l'avez compris avec les différentes histoires de mes coaché·e·s et conseils que je peux vous transmettre, nous sommes soumis·es à des influences puissantes. C'est pourquoi j'aime répéter lors de mes conférences ou de mes ateliers que « tout est une question d'histoire ». En effet, nos réactions peuvent changer du tout au tout en fonction de la manière dont nous nous parlons à nous-même.

Reprenons l'exemple de la prise de parole en public : vous devez faire une conférence ou une réunion d'entreprise et parler devant des dizaines ou des centaines de personnes. Si vous vous répétez « Je vais me planter, je suis trop nul·le », vous n'aurez pas du tout le même résultat que si vous vous dites « Je vais faire une intervention géniale, tout le monde va adorer ». Pourquoi ? Tout simplement parce que nous envoyons des informations complètement différentes à notre cerveau. Nous pouvons réveiller des peurs dans le premier cas, alors qu'on va surtout transformer le mauvais stress en bon stress dans le deuxième cas. Il s'agit donc de remplacer vos fausses croyances par des serments positifs.

Ces schémas inconscients sont tout simplement automatiques et cela signifie que des dizaines de fois dans votre journée, vous allez avoir des réactions qui seront liées à la manière dont vous vous parlez. Inutile de vous faire un dessin pour voir l'impact sur le fameux « Qui suis-je ? », n'est-ce pas ?... Si vous continuez à avoir une vision négative de votre personne, vous allez déclencher un manque de confiance à chaque étape. La bonne nouvelle, c'est que nous pouvons modifier ce schéma ensemble.

Je veux que vous soyez complètement honnête avec moi, mais également avec vous-même. N'avez-vous pas la sensation que vos décisions sont plus souvent liées à vos peurs qu'à vos envies ? Qu'elles sont également liées aux 4 + 1 influences plutôt qu'à vos réelles valeurs ? C'est pourquoi je veux que, durant les sept prochains jours, vous puissiez parfaitement faire attention à la manière dont vous vous racontez vos histoires. Car la pire chose n'est pas de se tromper mais de réaliser des actions à l'encontre de ses envies personnelles ! À chaque situation de peur, de négativité, où vous partez perdant·e sans avoir encore rien tenté, je vous demande de recréer une nouvelle histoire avec une vision positive. Au départ, ce sera un exercice complexe, mais d'ici quelques jours, vous serez en mesure de positiver et de trouver votre force intérieure.

DEVENEZ LA PERSONNE QUE VOUS VOULEZ ÊTRE

Il n'appartient qu'à vous de décider de votre vie *et* de vous aimer ! Alors bien sûr, personne n'est parfait et nous ferons toujours tous des erreurs, pendant lesquelles nous pourrons apprendre. Simplement, si la perfection n'existe pas, je vous encourage à toujours chercher l'excellence, pour être en mesure de vous dépasser, de vous surpasser, de ne jamais avoir de regrets.

Félicitations ! Vous venez de terminer la lecture de la première partie, vous êtes passé·e à l'action et vous avez désormais une meilleure compréhension de votre personne.

Les notions que je vous ai présentées dans cette partie sont importantes car plus on réalise ce que l'on aime, plus notre niveau de bonheur augmente. De la même manière que vous pouvez changer vos attitudes quand vous vous rendez compte de vos erreurs.

Pour rappel, ce livre n'est pas à lire, mais à écrire ensemble... Alors, une petite question : avez-vous bien réalisé les exercices de cette première partie ? N'hésitez pas à revenir en arrière et à prendre votre temps. Votre succès en dépend !

Bien évidemment, ce n'est que le début du voyage et vous allez devoir continuer de pratiquer, de réfléchir, d'évaluer et de prendre du plaisir à vous connaître.

Pour conclure en beauté cette première partie, j'aimerais vous proposer de répéter à voix haute et au minimum 5 fois le mantra suivant :

« Moi, *prénom + nom*, je décide d'être FIER·ÈRE de ma personne, de mon parcours et de mes convictions.

Je décide de vivre dans le respect de MES valeurs et de MES envies.

Je décide de me faire confiance et de porter mes choix avec passion.

Je m'engage à continuer à faire les exercices afin de m'aider à me découvrir et à être fort·e.

Je prends la décision que plus rien ne m'empêchera d'être dans mes valeurs hautes ! »

N'oublions pas enfin qu'il ne suffit pas de se connaître, il faut aussi savoir où l'on va, c'est primordial ! Si vous avez terminé ces premiers exercices, il est donc temps d'attaquer la deuxième partie…

JE DÉCIDE
D'**ÊTRE**
100 % moi-même
ET DE **LAISSER**
ÉCLORE
ma personnalité.

PILIER 2

W

WHERE?
OÙ VAIS-JE ?

Savoir qui nous sommes est extrêmement important pour définir ce que nous voulons et pour prendre conscience de nos valeurs. Pour autant, cela ne suffit pas à accéder au bonheur ainsi qu'à écrire sa légende car nous aurions inéluctablement un manque de vision. C'est pourquoi le deuxième pilier que l'on doit étudier est tout aussi important, il s'agit du mot *Where?* en anglais, que l'on peut traduire par « Où vais-je ? » ou encore : « Qu'est-ce que je souhaite accomplir dans ma vie ? »

Si nous avons tous la capacité d'écrire notre propre destin, il est extrêmement important d'en définir son contenu et de savoir ce qui nous importe. À vrai dire, je suis persuadé que nous avons chacune et chacun nos rêves à accomplir et nos objectifs à réaliser. Prenez quelques minutes pour y penser. Quels seraient vos rêves actuels ? Qu'aimeriez-vous accomplir dans votre vie ?

Pas toujours facile d'y répondre, n'est-ce pas ? J'ai été incapable de répondre à ces deux questions et il a fallu que je les transforme pour les mettre « à ma sauce » et qu'elles prennent un sens : « Alex, quand tu vas quitter cette Terre, qu'est-ce que tu aurais aimé accomplir et aussi comment tu voudrais qu'on te définisse ? »

Je pense qu'il n'y a pas une méthode parfaite qui s'adapte à chacun d'entre vous et c'est pourquoi je vous invite à toujours personnaliser mes questions, mes exercices, et à les adapter à votre personnalité ainsi qu'à votre quotidien.

Si vous avez du mal à répondre à ces questions, c'est peut-être que, comme moi pendant de nombreuses années, vous vous répétiez dans votre esprit que réaliser vos rêves est impossible, ou encore que vous n'arriverez jamais à atteindre vos objectifs. Ce qui est dingue, c'est que nous possédons toutes les réponses à ces questions, mais que les influences qu'on a vues ensemble dans la première partie jouent un rôle de blocage inconscient.

Pour vous aider à identifier votre vision et ce que vous désirez accomplir dans votre vie, je vous invite à faire un exercice en imaginant que vous avez la capacité de tout réaliser. Vous allez ainsi identifier vos envies profondes. Prêt·e ?

SUPER POUVOIRS !

Le meilleur moyen de réaliser un travail d'introspection consiste à se lâcher, comme si tout était possible. Si, à partir de maintenant, vous aviez les super pouvoirs de réaliser ce que vous désirez dans votre vie, que feriez-vous ?

« J'aimerais créer une association pour les jeunes en difficulté. »

« J'aimerais obtenir une promotion. »

« J'aimerais voyager aux quatre coins du monde. »

« J'aimerais avoir des enfants. »

« J'aimerais apprendre l'anglais. »

Je voulais aussi apporter une petite précision sur les cinq influences que l'on a vues précédemment. La réponse au « Où vais-je ? » est très souvent de fonder une famille, d'avoir des enfants, et c'est ainsi que l'on a réussi sa vie. En apparence seulement, car malheureusement, la crise de la quarantaine ou de la cinquantaine est de plus en plus présente dans notre société. C'est pourquoi je voulais vous préciser que votre réponse ne doit jamais être définitive. Vous devrez en quelque sorte toujours travailler sur vos objectifs, car hélas, au moment où vous prenez pour acquis ce que vous avez, c'est à cet instant que les problématiques arrivent.

Gardez une vision d'avenir, continuez de vous challenger, et vous pourrez avoir une vie inspirante pour vous et pour les autres.

L'ART DE SE POSER LES BONNES QUESTIONS

Les deux mots les plus utilisés lorsqu'on se pose des questions pour identifier sa vision et son « Où vais-je ? » sont : « pourquoi » et « comment ».

Aujourd'hui, vous avez le choix de vous demander « Pourquoi je ne suis pas encore ma légende ? » ou « Comment faire pour que j'écrive ma légende ? ». Si vous observez bien, le premier mot « pourquoi » consiste à analyser notre passé. Il est important et très souvent utilisé. En revanche, nous oublions le « comment » qui nous pousse à passer à l'action, et ainsi à être en mouvement vers nos rêves, et plus globalement notre légende. Mon conseil est d'utiliser les deux, tout en donnant un maximum d'attention au « comment » afin d'être sûr de passer à l'action !

Ce changement de mots va avoir un impact fort : vous prendrez le contrôle et vous aurez ainsi le pouvoir de faire changer les choses. Voici des exemples de questions modifiées :

→ « Pourquoi j'ai toujours peur ? » ***VS*** « Comment réussir à combattre ma peur ? ».

→ « Pourquoi ça ne marche pas comme je veux ? » ***VS*** « Comment réussir à me surpasser cette fois ? ».

→ « Pourquoi je suis trop petit, trop grand, trop mince... ? » ***VS*** « Comment je peux devenir la personne que je veux être ? ».

À vous de vous poser les bonnes questions afin d'avoir un contrôle total sur votre situation et votre vie. Regardez droit devant, déterminez où vous souhaitez aller et trouvez les solutions à tous les obstacles, qui finiront par se lever devant vous.

COMMENT TIRER UN TRAIT SUR VOTRE PASSÉ ?

Nous avons déjà commencé le travail qui consiste à tirer un trait sur son passé en observant vos blessures et leur impact à l'heure actuelle. Désormais, il est temps de s'en délester pour réussir à être authentique sur votre vision du futur, afin de déterminer vos projets et vos objectifs.

Vous avez peut-être la sensation qu'il vous sera difficile de surmonter et d'oublier tout le négatif de votre vie, et c'est normal ! Mais rappelez-vous : RIEN n'est totalement votre faute. Même si vous devez agir pour écrire votre légende, n'endossez pas des torts alors que vous n'en avez pas l'entière responsabilité.

Il est possible de tirer un trait sur son passé, de le surmonter, de regarder droit devant. Et cela, en se posant une simple question : « Est-ce que je suis encore vivant·e ? » Après tout ce que vous avez surmonté, partagé, vécu, êtes-vous toujours debout ? Si oui, alors vous savez que vous êtes indestructible et que vous avez les ressources pour créer la vie que vous désirez.

C'est exactement ce que j'ai expliqué à une amie proche qui sombrait dans la dépression. Elle ne trouvait plus les ressources pour avancer et donner un sens à sa vie. Quand on est dans le brouillard, il convient de retrouver sa boussole, et le meilleur moyen de le faire est de se demander « Qu'est-ce que j'ai traversé jusqu'à maintenant ? » et « Comment j'y suis arrivé ? ».

J'ai vu son visage s'illuminer sur la deuxième question car elle retrouvait des moments de son passé où elle avait pu exploiter sa force. Cet élément ne vous quitte jamais et il est en vous. Vous devez simplement apprendre à le retrouver grâce à une pensée, un geste, un ancrage, comme on l'a vu avec la PNL en introduction.

Il arrive que l'on mette un genou à terre, mais vous savez désormais que votre force intérieure vous appartient et qu'il n'y a rien qui vous empêchera de vous relever. Je veux que vous preniez conscience de cette puissance qui vous appartient et qui vous permettra de transformer votre passé en une grande force, même les événements les plus douloureux.

COMMENT SORTIR DE L'EMPRISE DES AUTRES ?

Dans cette partie, j'aimerais vous parler du jour où j'ai annoncé à mes proches que je voulais me lancer comme coach et que j'allais refuser un CDI dans une grande entreprise. Forcément, comme vous vous en doutez, cela n'a pas été très bien accueilli. Ma famille a même organisé une réunion avec mes oncles et tantes pour réussir à me « dissuader » de prendre cette décision. J'étais bloqué sur un voyage en voiture pendant plusieurs heures à devoir répondre à des questions en tout genre. La conclusion ? Ma tante a dit à ma mère : « Il est aligné et a pris sa décision. » En gros, « Tu ne peux rien y faire et il va falloir le laisser faire ses choix ».

Cette situation n'a pas été facile à vivre mais j'avais une idée en tête, celle de me lancer et de trouver mes solutions aux obstacles. J'aurais pu suivre leur conseil, j'aurais pu stopper, j'aurais pu me mettre de côté, mais à cet instant, je n'avais rien à perdre, j'avais tout pour réussir.

Et le bon côté, c'est que cette situation difficile m'a amené à apprendre à dire « Non ». Si vous avez aussi besoin de sortir de l'emprise des autres, c'est en répondant à une question que j'ai réussi de mon côté : « Est-ce que si je ne le fais pas, je vais avoir des regrets ? » Pourquoi cette question ? Car je me suis aperçu que les regrets sont la pire chose pour un être humain, et surtout, qu'à partir du moment où on sait qu'on en aura, on trouve un moyen de se dire que ce serait pire de ne pas tenter. On arrive donc à une justification logique pour notre cerveau et on ne culpabilise plus de se faire passer en priorité face aux autres.

COMMENT DIRE « NON » À CE QUE L'ON VEUT POUR VOUS ?

Je conçois qu'il n'est pas toujours facile de savoir dire « Non » aux personnes qui vous entourent, surtout par peur de les décevoir. Ce sentiment de culpabilité vous empêche très souvent de prendre des décisions en fonction de vos désirs et vous aimeriez surtout éviter de blesser vos proches.

Alors j'ai une petite solution pour vous. L'idée est de réussir à expliquer en quoi c'est important pour vous de dire « Non ». C'est sûr qu'on aimerait pouvoir dire « Non » sans se justifier, mais si vous en avez besoin, il suffira de rajouter quelques mots sur votre désir de refus. Par exemple : « Cette semaine, je ne peux pas garder tes enfants, j'ai besoin de temps pour moi, pour mes études, pour aller au judo... ».

C'est un exercice qui a permis à Romain de sortir de ses peurs et de s'écouter un peu plus dans son quotidien. Jeune entrepreneur dans le domaine du digital, il n'arrivait pas à dire « Non » à ses proches et passait son temps à les aider au lieu de se concentrer sur son activité. En plus, son entourage avait du mal à considérer que son travail sur le Web depuis la maison était un vrai métier ; pour tout le monde, c'était plutôt un loisir.

Romain m'a contacté au moment où il a pris la résolution de refuser des sorties et des activités avec ses ami·e·s et sa copine. La conséquence a été que tout le monde commençait à lui tourner le dos et à faire un peu la tête. Il sentait que sa communication n'était pas totalement efficace et qu'il avait tendance à beaucoup s'énerver car il se sentait incompris. C'est souvent un comportement logique car on a peur de la réaction des autres, et surtout, de s'affirmer. Malheureusement, ça crée plus de conflits que de positif.

J'ai donc conseillé à Romain de proposer une solution à chaque « Non ». Par exemple, pour sa copine, s'il ne pouvait pas la voir tous les soirs de la semaine, il pouvait lui proposer une journée entière le week-end pour vraiment passer du temps de qualité à deux. C'est un changement qui est intéressant pour notre cerveau car il y a une justification et une autre proposition. Ce n'est pas un « Non » ferme et il permet de rendre les deux personnes plus épanouies. Pareil pour les ami·e·s et la famille, si Romain refusait une activité, une sortie, un repas, il cherchait en revanche à proposer quelque chose à la place, à une date pas trop éloignée. Avancer en douceur de cette façon lui a permis de désamorcer les conflits, et surtout, de pouvoir se faire plus confiance pour la suite.

Aujourd'hui, il n'est pas totalement capable de juste dire « Non » mais il arrive à s'affirmer sans créer de conflits, et de son aveu, c'est déjà un grand pas en avant.

LA MÉTHODE POUR S'ÉCOUTER

Vous avez désormais tous les outils pour surmonter votre passé, pour réussir à vous affirmer, pour vous faire 100 % confiance également, alors il est temps qu'on continue ensemble et qu'on étudie la méthode pour bien s'écouter.

La meilleure décision de ma vie, je l'ai prise le jour où j'ai décidé d'être têtu et de suivre mon intuition. Parfois, on fait bien d'écouter les autres, les personnes qui nous entourent ; d'autres fois, il faut savoir prendre sa vie en main, passer à l'action et grandir.

Facile à dire mais pas toujours à réaliser. J'ai conscience que ce qu'on appelle le syndrome de l'imposteur – à savoir l'idée que vous n'êtes pas assez bien pour vous lancer dans une activité car vous n'avez pas toutes les qualités, l'expérience, ou que vous n'êtes pas parfait·e dans le domaine – vous tire vers le bas, que vous devez également faire face aux critiques et que vous avez sûrement des obligations qui vous empêchent de vous lancer à 100 % dans l'écriture de votre légende.

Mais de vous à moi, ce ne sont là que des excuses ! Pour réussir à vivre la vie que vous désirez, vous n'avez pas besoin d'y passer tout votre temps ; il suffit de se libérer du regard des autres et de se créer une carapace pour que leurs conseils ne viennent pas vous affecter, vous désensibiliser pour vous concentrer sur l'essentiel et sur vos objectifs.

Il n'y a rien de pire que de sentir que l'on a un potentiel énorme pour réaliser de grandes choses mais de se retrouver à ne pas savoir comment l'exploiter parce que vous avez besoin de l'aval de vos proches pour vous lancer.

J'ai conscience de la difficulté et c'est pourquoi j'ai quelques conseils à vous transmettre.

LES AUTRES ONT PEUR POUR VOUS...

Si vous pensez que vos proches vous empêchent de prendre des décisions importantes ou qu'ils ne vous soutiennent pas parce qu'ils ne vous pensent pas capable, vous vous trompez en général sur toute la ligne. Vos amis, votre famille, vos collègues de bureau ont tout simplement peur que vous échouiez ! Ils ont peur que vous le viviez comme un échec et que vous en souffriez.

Maintenant, la question que j'aimerais vous poser est très (vraiment très) simple : « Qu'avez-vous à perdre ? » Si vous réfléchissez quelques minutes, vous remarquerez que vous pourrez toujours revenir à la situation à laquelle vous êtes actuellement...

Je me souviens avoir accompagné Grégory qui me disait qu'il avait peur d'échouer et de mettre en danger sa famille. Je lui ai posé une question que j'aimerais que vous preniez en compte : « Si jamais votre projet ne se déroulait pas comme vous voulez, que feriez-vous ? »

Je voulais qu'il prenne conscience qu'il aurait très bien pu revenir à la situation initiale, en tant que manager d'hypermarché qui fait très bien son travail. En général, vous avez peur de tout perdre, alors que vous aurez simplement à revenir « à la normale ».

Vous voyez où je veux en venir ? Vous n'avez rien à perdre car vous pourrez toujours revenir à la « case départ ». C'est un peu comme cette fameuse phrase qui dit : « N'hésitez pas à aborder une personne pour prendre son numéro car vous n'avez rien à perdre. Si vous n'agissez pas, vous n'aurez jamais ses coordonnées. »

Quand on y repense, c'est très puissant car ça vous aide à relativiser les situations, y compris lorsqu'il s'agit de vous désensibiliser du regard des autres. Nous sommes déjà dans cette position de départ, donc nous connaissons déjà le « non » ou la situation la plus difficile possible ! On ne peut qu'évoluer, les ami·e·s.

Il ne faut pas penser que le parcours est toujours simple, que vous n'aurez aucun échec. Personnellement, il m'est arrivé de me tromper. Avec mon équipe aux États-Unis, nous avons créé un programme à abonnement et enlevé toutes les formules de coaching à l'unité. Au final, une semaine plus tard, nous n'avions plus aucun client.

À cet instant, je ne vous cache pas que j'ai commencé à paniquer car nous avions quand même plus d'une quinzaine d'employé·e·s dont certain·e·s étaient des mères et des pères de famille. Il a fallu que je prenne une décision radicale. J'en ai parlé avec mon coach de l'époque et la solution a été toute simple : revenir à des formules adaptées aux besoins de notre communauté. Tout est finalement rentré dans l'ordre et nous avons pu tirer une bonne leçon de cette expérience.

LE PIRE N'EST JAMAIS SÛR

On envisage toujours le pire et c'est une grave erreur. En continuant ma séance de coaching avec Grégory, je lui ai posé une autre question qui avait pour but qu'il réalise son potentiel : « Comment ta vie changerait si ton projet se passe à merveille ? »

Pourquoi cette question est-elle primordiale ? Tout simplement parce qu'en tant qu'être humain, nous pensons au pire, mais nous nous demandons rarement : « OK, si je réalise tout comme je le souhaite, que se passera-t-il ? »

ANTICIPER LE POSITIF

À votre tour, réfléchissez à un projet qui vous tient à cœur. Comment votre vie changerait si ce projet se passait à merveille ?

____

____

____

____

____

____

____

____

____

____

____

____

Vous aurez plus de chance que votre projet décolle si vous appliquez tous les conseils de ce livre. Alors je vous invite vraiment à prendre en compte ce deuxième aspect et à passer dès maintenant à l'action.

APRÈS TOUT, LA VIE N'EST QU'UN « EFFET CUMULÉ » !

Notre cerveau humain et la société actuelle nous mettent une pression inutile sur les épaules en nous poussant à atteindre nos objectifs toujours plus vite : « Je veux perdre 10 kg en 3 semaines », « Je veux apprendre à changer en 2 mois », « Je veux devenir millionnaire avant 30 ans »...

Cette notion d'urgence nous fait oublier de prendre du plaisir dans la réussite de nos objectifs, mais aussi, pour certaines personnes, nous pousse à douter, à perdre confiance en nous et à abandonner nos désirs. On n'a plus qu'une vision à très court terme et on manque alors de patience et de persévérance pour aller au bout des choses.

Darren Hardy, directeur du magazine *Success* et coach en développement personnel, nous propose des solutions concrètes à ce problème. Son concept appelé « effet cumulé » est une mine d'or : il met en avant le pouvoir de la régularité et des petits challenges du quotidien.

Cela consiste à diviser un objectif en plusieurs sous-étapes afin que tout devienne plus facile à visualiser et à réaliser. Plus aucun objectif n'est trop grand, si on reproduit de petits efforts chaque jour sur le long terme. Et le plus, c'est que ça devient finalement naturel et facile à créer car votre cerveau et votre corps s'habituent à ces petites sorties de zone de confort.

L'ESCALIER DE LA RÉUSSITE

Pour vous aider à créer votre plan de réussite, je veux que vous imaginiez un escalier avec tout en haut votre objectif principal, chaque marche correspondant à une étape pour l'atteindre. Vous pouvez même le dessiner ci-dessous une fois que vous l'avez bien en tête :

En agissant de cette façon, vous allez rapidement entretenir votre motivation et observer les premiers résultats, tout en gardant en tête où vous allez.

CROYEZ EN VOTRE VISION !

En observant mon histoire, mes expériences et mon évolution, je me suis aperçu que la raison principale de mon manque de réussite dans certains projets était tout simplement lié à mon incapacité à définir une vision claire et puissante. En fait, je me suis aperçu que pour motiver mon équipe, pour prouver à mes proches que j'allais réussir, et pour finalement me désensibiliser du regard des autres, il était essentiel que je croie fortement en ma vision. Rien ne devait me faire virer de bord.

Pour que vos proches soient motivé·e·s, il faut que vous soyez un·e leader convaincu·e et convaincant·e ! C'est ainsi qu'ils vous suivront au quotidien, quels que soient vos projets.

Pour vous illustrer ce passage sur l'importance d'avoir une vision, j'aimerais vous parler d'une personne que j'ai accompagnée et qui est devenue un ami depuis : Xavier, investisseur immobilier et entrepreneur, qui rêvait de venir s'installer un jour à Miami. Il m'a contacté à la sortie d'une de mes conférences fin 2017 en me demandant si je proposais un accompagnement de coaching complet afin de l'aider à propulser son activité, mais surtout de lui permettre à lui aussi de vivre le rêve américain.

Quelques semaines plus tard, Xavier m'a rejoint pour trois mois afin de découvrir Miami, l'activité de coaching en ligne et pour affiner son projet. Pendant cette période, il a découvert la méthode des 3W, développé sa vision, écrit un ouvrage et créé une centaine de vidéos.

À chaque conversation, il me rappelait à quel point il rêvait un jour d'être aux États-Unis, de pouvoir baigner dans la culture américaine et qu'il avait cette envie depuis son plus jeune âge. Tous les jours, j'entendais le même refrain : enfant, il regardait les matchs de Michael Jordan à la télévision le week-end avec son oncle, il écoutait les musiques de rap de la West Coast à la East Coast, il rêvait de conduire une voiture de luxe.

Aujourd'hui, trois ans plus tard (au moment où j'écris ce livre), Xavier est titulaire d'un visa américain qu'on appelle « Personnalité Extraordinaire ». C'est en travaillant pour accomplir son rêve le plus fou qu'il a réussi à venir s'installer, vivre et développer son projet.

Ce que je retiens de cette histoire, c'est que si vous vous réveillez chaque matin en sachant exactement ce que vous désirez vivre, avec la motivation de vous battre pour vos rêves, alors qu'est-ce qui va vous empêcher de les vivre ?

ÇA NE MARCHE PAS POUR MOI...

À chaque fois que j'accompagne une personne qui me dit « Mais Alex, pourquoi ça ne marche pas pour moi ? », je prends vraiment le temps de lui expliquer que nous sommes tous différents et que ce qui fonctionne parfaitement pour certaines personnes n'aura aucune incidence sur votre vie si vous ne prenez pas le temps de vous poser les bonnes questions, et surtout d'adapter les réponses à votre personnalité.

Quand j'évoque la méthode des 3W aux personnes qui m'entourent ainsi qu'aux personnes que je coache, on me demande souvent : « Alex, si c'était si facile, pourquoi tout le monde ne l'adopterait pas ? » C'est une excellente question qui met en avant un processus que je ne voyais pas par le passé, quand j'étais toujours attiré par l'idée de m'oublier au profit des autres.

En tant qu'être humain, nous avons tendance à agir sous le coup des influences, et donc à répéter les mêmes erreurs. En réalité, nous sommes dans des schémas inconscients, et surtout, on pense toujours avoir raison. Est-ce que ça ne vous est pas déjà arrivé de vous dire « Ça va changer » en agissant continuellement de la même manière et en n'obtenant finalement aucun résultat positif ? C'est la raison pour laquelle ce procédé des 3W est essentiel, facile à mettre en place, mais encore méconnu du grand public.

Voici un conseil que je peux vous transmettre et qui est à mon sens une vraie révolution – du moins, c'est ainsi que je l'ai personnellement vécu : arrêtez d'attendre la recette miracle et inspirez-vous de nombreuses choses pour concocter votre propre recette du bonheur. Très souvent, nous cherchons LA méthode qui nous permettra d'avoir une vie inspirante, mais elle n'existe pas ! Pour la simple et bonne raison que vous êtes UNIQUE. La méthode qui vous conviendra parfaitement sera un mix dont vous seul connaîtrez le savant dosage…

Je vais vous partager une partie de ma routine que j'ai piquée à Robert Lewandowski, célèbre attaquant international polonais de football. Je lisais une interview sur son parcours, et notamment la notion de vivacité qu'il recherchait. Sa routine alimentaire est très surprenante car il commence ses repas par son dessert ! Du coup, tout le monde se moque gentiment de lui. En appliquant ses conseils et en mangeant les graisses ainsi que le sucre au début de mes repas, je me suis aperçu que j'avais plus d'énergie l'après-midi, et surtout l'envie d'aller me reposer le soir, alors qu'avant, je souffrais d'insomnies car je pouvais manger du sucre jusqu'à pas d'heure.

Ce qui marche pour moi ne fonctionnera peut-être pas pour vous, mais en recherchant les informations, en lisant des romans autobiographiques, je peux vous garantir que vous allez en apprendre beaucoup plus sur votre personne que vous ne l'avez fait jusqu'à maintenant. Pourquoi ? Car tout ce que vous allez découvrir sera unique, testé et validé par d'autres êtres humains qui ont tous atteint l'excellence dans leur domaine.

Ce n'est pas un enseignement scolaire, d'ailleurs l'école ne vous aide pas à déterminer votre vision et la réponse au « Où vais-je ? ». Je ne crois pas, mais alors pas du tout, que les autres soient mieux placés pour diriger notre vie. En revanche, il faut observer les gens que l'on admire, nos mentors, pour s'inspirer d'eux. On a trop tendance à écouter Monsieur Tout-le-Monde alors qu'on devrait plutôt marcher dans les pas de celui qui a réussi dans le domaine qui nous intéresse.

Désormais, j'aimerais vous accompagner pour aller plus loin. Eh oui, comme nous ne possédons qu'une vie et qu'il faut pouvoir la croquer à pleines dents, je vais vous demander de continuer votre lecture et de conserver vos réponses actuelles à l'intérieur de vous. Vous devez normalement sentir une nouvelle force, une nouvelle confiance qui se crée.

ET SI ON SE LÂCHAIT COMPLÈTEMENT ?

Je me souviendrai toujours quand mon coach personnel m'a demandé « Alex, qu'est-ce que tu veux réaliser dans ta vie ? Où vas-tu ? », en insistant plusieurs fois pour savoir si j'allais vraiment être fier de moi en accomplissant tout ce que je lui avais répondu. Au fond de moi, j'étais emballé par mes projets mais je ressentais une émotion indélicate, exactement comme si je m'étais restreint parce que je savais que j'étais capable d'accomplir tout ce que j'avais noté.

Aujourd'hui, chaque fois que je retravaille sur la question « Où vais-je ? », ma vision m'amène à avoir peur au contraire ! Je vous rassure, c'est dans le bon sens du terme, mais je suis complètement excité par des projets fous, irréalistes, qui pour la majorité ont déjà été entamés et parfois réussis. Tout cela pour vous dire que rêver sa vie ne peut qu'apporter des résultats positifs. Vous êtes en mesure de créer la vie que vous désirez, même si vos objectifs font carrément peur car vous vous demandez si vous allez pouvoir en une seule vie les atteindre réellement.

REVENONS SUR LA QUESTION ESSENTIELLE...

« Et si tout était possible ? » Cette question a l'air très simple, et pourtant, elle caractérise à merveille l'état d'esprit que je souhaite vous transmettre. En même temps, elle vous aide également à observer que tout est possible et à faire sauter les limites de votre cerveau.

À partir de maintenant, vous devez considérer que vous êtes en mesure de tout obtenir. Qu'est-ce que ça changerait sur vos projets ? Vos envies ? Vos comportements ?

À ce sujet, je voulais vous parler d'un outil que j'ai largement utilisé et qui m'a permis de commencer à définir ma mission de vie ainsi que mes rêves. Un outil que vous allez devoir vous aussi utiliser si vous avez envie d'écrire votre légende. D'ailleurs, cet outil est à ma connaissance le seul secret qui explique comment nos mentors ou les personnes que l'on admire ont réussi à créer des choses que l'on juge extraordinaires !

Il s'agit très simplement de ce qu'on appelle « la visualisation ». Si vous regardez bien, toutes les personnes que vous admirez et que vous trouvez fantastiques pour ce qu'elles ont accompli vous diront « Je l'ai vu avant de le faire ». La visualisation permet en effet de créer une imagerie mentale qui nous aide à conditionner notre cerveau, nos gestes et nos émotions à la réussite de notre projet.

LA PUISSANCE DE LA VISUALISATION

Nous avons tous la possibilité d'utiliser la puissance de notre mental pour construire nos projets, nos rêves, même les plus fous. Vous n'avez besoin d'aucun matériel et vous pouvez commencer dès maintenant !

Alors je vous invite à fermer les yeux pendant quelques minutes, prenez une grande inspiration et imaginez votre futur idéal… Comment votre vie pourrait être si tout était possible ? Si je vous autorise à vous lâcher et à entrevoir tout ce que vous désirez, ça donne quoi ?…

____

____

____

____

____

____

____

____

Comme pour tout exercice cité dans ce livre, vous allez devoir répéter les efforts et reproduire l'exercice pour en récolter les bienfaits. Comme je le dis souvent : « On n'obtient rien en faisant les choses une seule fois. » En répétant cet exercice et en intensifiant ces moments, vous envoyez un message très clair à votre cerveau : voici ce que je veux vivre et accomplir ! Vous aurez ainsi de bien meilleures chances d'atteindre vos objectifs.

Cet exercice est le seul « secret » que les légendes utilisent et je vous encourage avant même de lire la suite à le pratiquer tous les soirs. Vous serez surpris de voir à quel point il va vous apporter des résultats.

À partir de là, pour réussir à définir où vous désirez aller, j'aimerais qu'on applique une méthode en 3 étapes très simples :

1. **Définissez vos rêves !** C'est l'étape de visualisation que je viens de vous décrire dans l'exercice. Cela consiste simplement à regarder ce que vous rêvez d'accomplir dans votre vie. Vos rêves méritent d'être vécus et si tout était possible, qu'est-ce que vous souhaiteriez réaliser ?

2. **Déterminez des objectifs !** Une fois que la première étape des rêves est définie, il convient d'embarquer vers une étape plus concrète puisqu'il s'agira d'aller observer les objectifs à plus court terme que vous pourriez réaliser.

3. **Tout commence par une action !** Enfin, dernière étape, celle de la réalisation d'une action précise et efficace. Là, pas de place pour l'à-peu-près, on doit absolument définir une date, une heure fixe, et se mettre dans un processus qui ne laisse aucun choix, notamment avec des post-it, des alarmes et une détermination digne des champion·ne·s ! Je vous conseille à ce sujet de vous entraîner avec l'exercice « L'escalier de la réussite » page 102.

COMMENT TROUVER SES RÊVES INTÉRIEURS ?

Tous les conseils que je vous transmets ont été découverts sur le terrain. À vrai dire, je sais à quel point définir ses propres rêves peut être complexe. Notre cerveau gauche qui est plus rationnel vient contredire nos idées initiales et notre petite voix intérieure nous dit « C'est trop stupide ton idée », ou encore « Tu n'y arriveras jamais, ça ne sert à rien de le noter ».

Pour contrer ces fausses croyances présentes dans votre esprit, je vous invite à aller chercher ce que vous désirez au plus profond de vous-même. Facile à dire mais pas forcément à réaliser, n'est-ce pas ?

Mon conseil pour réussir à se lâcher consiste à remonter dans le temps. Souvenez-vous de vos rêves quand vous étiez gamin·e. Quelles étaient vos envies profondes ? Qu'est-ce que vous répondiez à la fameuse question de votre professeur quand on vous demandait en début d'année « Quel métier rêvez-vous d'exercer ? ». J'aimerais que vous preniez quelques minutes pour réfléchir à la réponse que vous auriez pu lui faire. Vous étiez jeune, insouciant·e et plein·e de rêves. Un état d'esprit que l'on perd avec le temps.

Maintenant, j'aimerais que l'on complète votre réflexion par une autre question : « Avez-vous l'impression d'avoir conservé votre âme d'enfant ? » Bien sûr, la vie évolue, les responsabilités arrivent plus tôt que prévu, mais je crois qu'il est essentiel de pouvoir se reconnecter à son enfant intérieur. Parce que toutes les personnes que j'ai coachées m'ont fait la même réflexion en me disant « J'ai surtout cherché à entrer dans la norme », très souvent pour faire plaisir à leurs proches.

Vous avez au fond de vous des rêves intérieurs qui sont présents depuis votre plus tendre enfance. Ils ont sûrement évolué avec le temps mais ils restent présents, et surtout, ils peuvent vous aider à définir les directions que vous voulez prendre dans votre vie.

Bien évidemment, la vie nous fait parfois changer de trajectoire. Si je ne suis pas devenu basketteur professionnel et que je n'ai pu suivre ce rêve, je prends aujourd'hui du plaisir à accompagner et à apporter ma bienveillance à des millions de personnes chaque mois. Cela suffit à mon bonheur.

Cependant, j'accompagne toujours des joueurs de basket-ball professionnels et je n'exclus pas un jour de devenir entraîneur et de continuer dans cette passion. Tout ça pour vous dire que vos rêves peuvent évoluer, que vos projets restent possibles et que vous pouvez parfaitement maîtriser vos envies !

MON FUTUR IDÉAL

Maintenant que vous êtes prêt·e à vous lâcher, j'aimerais que vous notiez 5 mots ou expressions qui pourraient caractériser votre futur.

Voici les miens : bonheur, expériences de vie, famille et amis, voyage, bien-être et bonne santé.

L'objectif est de continuer à vous autoriser à être qui vous désirez. Ces 5 mots ou expressions vont désormais diriger vos journées.

ÉVITER LES REGRETS PLUS TARD

Bronnie Ware est une infirmière australienne. Elle est aussi connue pour être l'auteure du livre *Les 5 Regrets des personnes en fin de vie* aux éditions Guy Trédaniel. Dans cet ouvrage, l'auteure raconte tous les plus grands regrets qu'elle a entendus au cours de sa carrière. Le principal qui rejoint exactement ce que je vous transmets ici se définit en ces termes : « J'aurais aimé avoir le courage de vivre comme je voulais, et pas de vivre la vie qu'on attendait de moi. » En effet, nos regrets se nourrissent de situations où nous ne suivons pas nos intuitions et nos envies profondes. Nous avons alors tendance à subir le quotidien.

Si je vous raconte cela, c'est tout simplement parce que après avoir accompagné des milliers de personnes pour les aider à clarifier leur mission de vie, je me suis aperçu qu'il fallait plusieurs séances avant qu'elles puissent identifier leurs réelles envies. C'est-à-dire qu'avant la troisième séance, généralement, leurs réponses sont dirigées par leur inconscient et les fameuses cinq influences que l'on a vues dans la partie 1.

Je me souviens notamment de Jean, qui m'a dit avoir complètement gâché sa vie en courant derrière les cadeaux qu'il voulait faire à ses proches. Comme il n'a pas eu une enfance facile, il s'était mis en tête qu'il devait offrir le meilleur à ses enfants, à sa femme, ainsi qu'à ses amis. Mais il n'a pensé qu'à l'aspect matériel, sans comprendre l'importance de passer des moments de qualité avec eux. Résultat : il n'a pas vu ses enfants grandir et ne s'est pas occupé de son couple. Au moment où il m'a contacté, il ne parvenait plus à nouer de liens forts avec sa famille et le regrettait amèrement. Pendant notre coaching, il m'a dit : « Alex, j'ai fait tout ce que la société voulait que je fasse, car oui, j'étais admiré par tout le monde, mais pas par ceux que j'aime. »

La bonne nouvelle – car tout n'est pas tout noir –, c'est que Jean a réussi à mener un changement profond pour identifier les influences qui le minaient et réduire leur impact sur son quotidien. Il a appris le lâcher-prise, et a créé une connexion forte avec sa femme et ses enfants. Il a compris qu'il ne pouvait pas rattraper le temps perdu, mais désormais, il fait en sorte que chaque journée soit magique.

Et vous, comment allez-vous adopter cet état d'esprit ?

MES SOUHAITS

Je vous invite donc à reprendre votre stylo et à noter les réponses en fonction de vos réelles envies et non de ce que vos parents rêvent pour vous (voir l'exercice « Les souhaits de mes parents pour moi » page 36).

Vous rendrez vos parents tout aussi heureux, lorsqu'ils verront que vous avez du succès dans votre vie, quelles que soient les décisions que vous preniez !

QU'EST-CE QUE VOUS NE VOULEZ SURTOUT PLUS ?

Un bon travail d'introspection et de compréhension de ses envies, de sa voie signifie également que vous devez faire le point sur ce que vous n'accepterez plus jamais dans votre vie. Je me souviens d'une situation de coaching qui a été très difficile à vivre car j'avais en face de moi une femme victime d'un manipulateur pervers narcissique. Je conçois que ce terme est à la mode, mais sincèrement, la violence psychologique est tout aussi grave que la violence physique.

Pour l'aider à retrouver confiance ainsi qu'à tourner la page de son passé sentimental et à croire de nouveau en elle et en une relation qu'elle pourrait construire, il était essentiel que je lui pose les questions que l'on a vues ensemble précédemment. Mais je me suis aperçu qu'elle manquait de confiance dans ses réponses et qu'elle n'avait pas forcément l'énergie positive avec laquelle on fait généralement ces exercices. C'est simple, elle était bloquée et incapable de trouver les vraies réponses en elle-même.

Je me suis demandé comment l'aider à être plus confiante sur ses capacités, ainsi que sur les résultats qu'elle pourrait obtenir. J'ai compris que son cerveau bloquait l'information positive et qu'elle ne croyait absolument pas à tout ce qu'elle venait de me dire. Elle en avait envie, elle était motivée, mais elle croyait qu'il était impossible pour elle d'être heureuse, comme si le bonheur devait toujours se refuser à elle.

C'est ainsi que je lui ai demandé de faire la liste de tout ce qu'elle ne laisserait plus jamais arriver dans sa vie. Bizarrement, sa première réponse n'était pas liée à sa relation toxique. Elle m'a dit : « Je n'accepterai plus jamais qu'on me marche sur les pieds au travail. »

Pourquoi ? Je n'ai pas trouvé la réponse ! Mais ça a été le déclencheur de nombreuses réponses par la suite.

À BANNIR

À votre tour de réaliser cette introspection : « Qu'est-ce que vous n'accepterez plus jamais ? Qu'est-ce que vous ne voulez surtout pas ? »

N'hésitez pas à être dans la précision pour que votre cerveau prenne l'information. Parce que oui, à chaque fois que vous notez, c'est forcément plus puissant.

Félicitations, les ami·e·s ! En prenant le temps de répondre à ces quelques questions, vous êtes en train de diriger vos pensées vers ce que vous désirez, et indirectement, de vous autoriser à obtenir le positif. Alors, vous savez ce qu'il vous reste à faire…

IL EST TEMPS DE RÉPONDRE…

Choisissez la couleur d'encre de vos rêves et allez-y ! Vous êtes prêt·e, et nous sommes là pour ça, ici et maintenant.

MA VISION

Où vais-je ?

Comme j'aime le répéter, c'est le manque de vision qui nous empêche de passer à l'action et indirectement d'obtenir des résultats. C'est pourquoi vous devez entamer ce travail d'introspection avec patience et surtout assiduité. D'autres réponses viendront au fur et à mesure compléter les premières lignes en fonction de vos émotions et des retours positifs que vous pourriez obtenir.

Quand on répond au « *Where?* », tout prend sens et notre cerveau peut se concentrer sur les efforts positifs à fournir. Vous avez désormais tous les outils pour définir votre vision future, votre « Où vais-je ? » et ainsi vous assurez d'avoir votre vie en main.

Je sais que ce n'est pas toujours facile avec toutes les influences que nous subissons au quotidien, alors je vous invite à faire un petit mantra avec moi :

« Aujourd'hui, je prends ma vie en main et je DÉCIDE de mon futur ! Je sais ce qui est bon pour moi et ce que je désire mettre en place. Je crois en mes rêves et en mes objectifs. Ma vie est un jeu vidéo où je détiens les manettes ! »

« JE **DÉCIDE**

de mon futur

ET JE **CROIS**

en mes rêves ! »

PILIER 3

WHY?
POURQUOI ?

Savez-vous quel est le point commun entre des personnalités comme Nelson Mandela, Zinédine Zidane, Michael Jordan, Oprah Winfrey, ou encore Céline Dion ? Ils sont tous très au clair sur leur « Pourquoi ? » ! Et il s'agit justement de notre troisième pilier, celui qui donne du sens à nos actions et nous permet de garder une motivation au top au quotidien.

Il est très souvent mis de côté dans notre société, sauf par les personnes qui réalisent des choses que l'on juge extraordinaires... C'est pourquoi je tenais absolument à vous en parler dans cet ouvrage.

Pendant très longtemps, j'ai eu envie de décortiquer pourquoi une personne était capable de réaliser des choses incroyables. J'avais vraiment envie de découvrir le fameux « secret ». J'ai écouté des interviews de personnalités, lu des ouvrages, assisté à des événements avec les meilleurs formateurs du coaching ou de la PNL qui disaient que « trouver son "Pourquoi ?" » était indispensable à une quelconque réussite, sans pour autant que je sache comment passer réellement à l'action. En d'autres termes, je savais que c'était un élément capital mais je repoussais toujours sa réalisation. Par manque de compréhension et de conviction principalement, mais aussi parce que j'avais la tête sous l'eau avec toutes les tâches du quotidien, je n'avais pas pris le temps de définir mon « *Why?* » (« Pourquoi ? » en français). C'est désormais chose faite et je peux vous le dire : ça change complètement une personne !

Vous n'avez pas besoin d'attendre d'être célèbre ou d'avoir du succès dans votre projet pour l'utiliser. C'est dès aujourd'hui que vous devez vous servir de ce fameux « Pourquoi ? » pour récolter tous ses bienfaits. Grâce à lui, vous saurez pourquoi ça vaut le coup de faire des efforts et de vous surpasser... Et ça change tout pour atteindre des sommets !

Imaginez-vous au réveil chaque matin avec des envies fortes, en ayant la sensation que vous êtes épanoui·e dans votre vie, que vous faites les choses que vous appréciez, que vous apportez de la valeur à ce monde, et surtout, que vous avez une vision très claire de pourquoi vous les réalisez. Ne pensez-vous pas que cela changerait votre quotidien ? Que ça vous transmettrait la force d'écrire votre légende, même si vous avez des coups de mou ou des challenges à affronter ?

Avant de vous expliquer comment définir votre « Pourquoi ? » et comment l'appliquer, je voulais qu'on réponde ensemble à une question très importante, qui est à la source de vos peurs et de votre manque de confiance.

EST-CE QUE TOUT LE MONDE PEUT RÉUSSIR SA VIE ?

Peut-être avez-vous l'impression que le changement sera trop complexe pour vous, que vous ne trouverez pas les ressources intérieures pour réussir votre vie, que vous êtes condamné·e à subir les événements et que vous ne pourrez pas décider de votre futur ?

C'est tout à fait normal. J'étais comme vous. Mais à force de conviction, de passage à l'action et d'introspection sur les fameux 3W, j'ai pu réaliser de nombreux projets et mes coaché·e·s également. Donc je peux vous le dire aujourd'hui : « OUI ! Tout le monde peut réussir sa vie, même si ce n'est pas facile. » Nous avons tous la capacité de changer et de mener les bonnes actions quand nous prenons conscience de notre potentiel.

J'aimerais vous parler d'un très bon ami à moi, Archibald. Artiste, chanteur et acteur qui rêvait de faire carrière. Pendant très longtemps, j'ai voulu le pousser à réaliser ses rêves, mais j'avais l'impression qu'il se tirait des balles dans le pied. Il n'était pas du genre laxiste, mais il avait tendance à manquer de confiance en son potentiel, à essayer de faire plaisir aux personnes autour de lui et à suivre le chemin de la procrastination.

Aujourd'hui, je peux vous garantir que je l'admire ! Il a suivi dernièrement la méthode des 3W et notamment du « *Why?* », en prenant le temps de se concentrer sur ce qu'il voulait réellement et tous les efforts qu'il devait réaliser pour enfin vivre pour LUI et libérer son plein potentiel. Il a repris sa vie en main et il est sur la route de ses rêves. Il a d'ailleurs aujourd'hui reçu plusieurs prix tels que disque d'or, de platine et de diamant comme auteur-compositeur de musiques.

En discutant avec lui, il m'a précisé qu'il y avait une question que je lui avais posée et qui avait été comme un déclic pour lui. Cette question, elle est très simple : « Comment tu te sentirais si tu n'arrivais pas à atteindre tes rêves, en sachant que tu n'as pas tout donné ? »

Et vous savez quoi ? On va prendre le temps d'y répondre maintenant. Je veux que vous soyez capable de vous pencher sur cette question, car parfois (souvent), il suffit d'une réflexion pour faire changer son état d'esprit et son quotidien.

ÉVITER LES REGRETS

Comment est-ce que je me sentirais si je n'arrivais pas à atteindre mes rêves, en sachant que je n'ai pas tout donné ?

____

____

____

____

____

____

____

____

____

____

____

____

Généralement, la réponse à cette question demande d'aller puiser dans des émotions négatives et je sais que ce n'est pas toujours facile. Souvenez-vous simplement que je suis là pour vous faire agir : il faut que vous vous rendiez compte que certaines attitudes détruisent vos rêves et vous empêchent de vivre la vie que vous désirez.

Vous aurez maintenant plus de facilité à définir le « "Pourquoi ?" » de vos actions et de vos projets. Continuez votre lecture et prenez le temps nécessaire pour faire une introspection en répondant aux questions. Vous serez surpris des changements qui peuvent s'opérer uniquement grâce à votre travail de réflexion.

UNE AUTRE QUESTION POUR S'OUVRIR L'ESPRIT !

La prochaine question que j'aimerais vous poser est également très puissante. Elle vous aidera à visualiser concrètement ce que vous aimeriez réaliser dans votre vie : « Quelle trace je veux laisser sur Terre ? »

Cette question m'est venue lors d'un coaching que je réalisais avec Sandrine. Maman de deux enfants, elle cherchait à définir sa nouvelle mission de vie car ils étaient désormais grands et au lycée. Elle ne se sentait plus à sa place, en perte de sens et de valeur. Une phrase qu'elle a prononcée m'a surpris : « Alex, j'ai toujours pensé au bien-être de mes enfants, et désormais, j'ai la sensation de ne même plus savoir ce que je veux. Je me sens vide. » J'ai tout de suite compris qu'elle manquait de vision, qu'elle n'arrivait plus à se projeter et qu'il fallait que je l'aide à retrouver des projets ainsi qu'une réelle conviction. En discutant ensemble, je suis arrivé à lui poser cette question que j'utilise beaucoup plus souvent désormais.

Pendant de longues secondes, elle m'a regardé sans être en mesure d'y répondre. Je lui ai laissé du temps et nous avons convenu qu'elle travaille dessus au fur et à mesure. Elle est revenue vers moi quatre semaines après notre séance pour me dire qu'elle venait de s'engager dans une cause associative et qu'elle avait changé de travail. Elle est désormais responsable d'un centre animalier car les animaux prennent une place importante dans son quotidien.

Je crois que, pour répondre à cette question très puissante sur la trace que vous aimeriez laisser sur Terre, vous devez vraiment vous autoriser à écouter votre cœur. Il s'agit de ne pas donner de place au rationnel car vous devez vous connecter à vos émotions fortes et à vos envies profondes.

LA TRACE QUE JE LAISSERAI SUR TERRE

Pour continuer de vous aiguiller, j'ai créé une liste de 5 questions qui vont vous permettre de découvrir vos envies cachées ou d'exprimer ce qui vous a toujours semblé « impossible » :

- *Quel sens je veux donner à ma vie ?*
- *Comment je veux qu'on se rappelle de moi ?*
- *Quel héritage (monétaire mais aussi en termes de valeurs) je veux léguer à mes proches ?*
- *Est-ce que ça me dépasse ? Est-ce plus grand que moi ?*
- *Est-ce que je serai fier·ère de moi ?*

À vous d'y répondre !

- ____________________

____

____

____

Encore une fois, je veux que vous sachiez que le pourquoi est l'élément qui vous permettra de tenir les efforts sur la durée. Car il n'est jamais simple de se faire violence, de faire preuve de résilience, surtout que l'être humain a toujours tendance à en faire le moins possible dès qu'il le peut !

DÉFINISSEZ VOTRE « POURQUOI ? » EN 4 ÉTAPES

En plus de ces questions de réflexion, j'aimerais vous proposer ma méthode spéciale pour définir votre « Pourquoi ? ».

Je sais qu'il n'est jamais simple de faire un travail d'introspection, ça remue les émotions, et en même temps, on a l'impression de ne pas avoir de réels résultats. Généralement, on se pose des questions et on essaie de conserver les réponses dans notre esprit, sans les noter, sans revenir dessus et c'est ainsi qu'on se décourage. Avec moi, ce sera différent car cette méthodologie vous permettra de mettre le doigt concrètement sur votre feu intérieur, ce qui vous anime quotidiennement.

Je veux que vous preniez vraiment le temps de répondre à chaque exercice, de tout noter sur le cahier dédié à votre légende, et qui vous permettra aussi de suivre l'évolution. Car pour avoir des résultats, vous devrez revenir sur chaque réponse au fil des semaines.

Voici donc les quatre grandes étapes pour maîtriser votre « Pourquoi ? » et pour construire votre énergie de tous les jours.

1. QUELLES SONT LES PERSONNES POUR QUI JE ME BATS ?

Je pense que vous n'aurez pas trop de mal à répondre à cette question, n'est-ce pas ? C'est le moment de faire la liste de toutes les personnes pour qui vous vous « battez » chaque jour. Les personnes que vous aimez tout simplement et que vous voulez rendre fières de vous. Cette liste vous permettra de retrouver une énergie haute quand vous avez un petit coup de mou ou que vous perdez votre motivation.

Mon petit conseil supplémentaire consiste à relire cette liste tous les soirs, même quand tout va bien dans votre vie. Vous allez ainsi maintenir votre motivation et rester concentré·e sur vos objectifs. N'oubliez pas qu'il ne faut pas attendre de vivre une désillusion pour changer et écrire sa légende. C'est pourquoi, même quand tout va bien, on entretient sa motivation en relisant cette liste et en arborant son plus beau sourire : vous pourrez ainsi créer un ancrage puissant !

LA LISTE DES PERSONNES QUE J'AIME

C'est parti ! Faites cette liste de toutes les personnes qui comptent pour vous :

- ______________________
- ______________________
- ______________________
- ______________________
- ______________________
- ______________________

Je conçois que ce n'est pas un exercice facile quand vous vous sentez isolé·e de vos proches ou que vous n'avez pas forcément votre famille à vos côtés. Vous n'avez pas besoin d'avoir une longue liste pour ressentir les émotions et définir votre « Pourquoi ? ».

En revanche, petite précision importante, si vous n'avez pas mis votre prénom, rajoutez-le en premier et EN MAJUSCULES car vous vous battez avant tout pour la personne la plus importante : VOUS !

2. POURQUOI VOUS NE LÂCHEREZ JAMAIS ?

Cette question est très importante. Savez-vous pourquoi vous ne lâcherez jamais ? Très souvent, il s'agit de rendre les autres fiers de nous, de pouvoir s'offrir ce que l'on veut, de se prouver à soi-même de quoi on est capable, etc.

À noter qu'en répondant à cette question, vous envoyez un message très puissant à votre cerveau, ou plutôt votre inconscient car vous lui donnez la direction à suivre, celle de réussir à avoir une vie qui vous ressemble, coûte que coûte. C'est un excellent moyen de ne pas se laisser démotiver par les événements du quotidien et les coups de mou.

CE QUI ME FAIT TENIR

À vous d'écrire !

Une petite précision, il faut que vous soyez en mesure de définir ce que vous n'aimez pas dans votre quotidien actuel (voir l'exercice « À bannir » page 117) car vous allez ainsi pouvoir mesurer l'évolution de votre quotidien. Je vous donne un exemple : je m'étais juré que je ne lâcherais jamais mes rêves car je voulais absolument arrêter de compter mes sous quand j'allais au supermarché. Je ne voulais plus vivre sous la contrainte d'un budget serré. En identifiant cette volonté de changement, je pouvais parfaitement mesurer mon évolution. Ce conseil est là pour vous aider à identifier des éléments du quotidien que vous ne souhaitez plus jamais vivre.

3. POURQUOI CES SACRIFICES ONT-ILS UN SENS POUR VOUS ?

Le mot « sacrifice » peut parfois avoir une connotation négative dans notre esprit. Pour autant, dans ma philosophie, les sacrifices sont des choix que nous réalisons pour impacter notre quotidien en fonction de nos envies et ils représentent les efforts que nous sommes prêts à réaliser.

Car bien évidemment, le fait d'écrire sa légende va nécessiter que vous repoussiez vos limites, que vous vous battiez au quotidien, que vous deveniez la meilleure version de vous-même. Ça ne sera pas facile et c'est pourquoi vous devez garder en tête la réponse à cette troisième question.

Les sacrifices sont un passage obligé pour remporter le succès, et c'est malheureusement ce qui fera la différence entre une personne qui va obtenir des résultats et une autre qui reste simplement dans une illusion.

L'objectif est de réussir à apprendre à se connaître, à savoir quel mode de fonctionnement est idéal pour nous et comment on peut repousser ses limites.

C'est pourquoi je vous invite à toujours avoir conscience que ce que vous réalisez doit vous apporter du positif. L'image que j'aime utiliser concerne l'effort à réaliser lors de la dernière série à la salle de musculation, ou les dernières révisions juste avant un examen important. On n'a pas envie de réaliser ces efforts, on préférerait faire autre chose, ou tout simplement rentrer chez soi pour se reposer, mais on sait également que c'est à cet instant qu'on doit tout donner pour ne pas avoir de regrets.

Il est donc plus simple d'obtenir des résultats quand on prend conscience des apports que nos efforts vont nous transmettre…

LE SENS DE MES SACRIFICES

Pourquoi ces sacrifices ont-ils un sens pour vous ?

Car je souhaite offrir le meilleur à mes proches.

Car je sais que j'ai le potentiel pour faire plus.

Car je sais que je peux être plus heureux au quotidien.

Car je sais que c'est pour vivre une meilleure vie.

Car je suis prêt·e à tout pour réaliser mes rêves.

4. COMMENT VOUS SENTIREZ-VOUS LORSQUE VOUS AUREZ RÉUSSI VOS PROJETS ?

Jusqu'à présent, nous avons étudié l'idée négative si jamais vous ne vous battez pas pour vivre la vie que vous désirez. Prenons quelques instants pour nous pencher sur le positif et pour visualiser ainsi que ressentir comment vous allez être une fois que tout sera réalisé.

APRÈS L'EFFORT, LE RÉCONFORT

Projetez-vous dans l'après, quand vous aurez atteint vos objectifs les plus importants pour vous... Comment vous sentirez-vous ?

N'hésitez pas à intégrer des émotions précises car vous allez ainsi envoyer un signal fort à votre cerveau qui va pouvoir visualiser concrètement votre succès.

Je ne vous cache pas que, pendant très longtemps, je me suis penché sur mon « Pourquoi ? » afin de trouver une motivation personnelle. Avant d'être coach et de réaliser ce parcours, j'étais quelqu'un de très laxiste, qui mettait très peu d'importance sur les choses essentielles. Depuis, j'ai entamé un travail profond et je suis arrivé à une réponse à mon « Pourquoi ? » qui est désormais très forte et qui domine mon quotidien.

Pour cela, je l'ai créé à ma manière car si j'ai bien compris une chose du développement personnel, c'est qu'il n'existe pas une méthode parfaite ou magique. Nous devons personnaliser chaque conseil pour le faire coller à notre personnalité. Pour autant, je souhaitais vous transmettre mon « Pourquoi ? » en quelques mots et expressions :

« Je souhaite devenir le plus grand coach au monde pour continuer d'inspirer des millions de personnes, pour apporter mon aide aux plus démunis, pour me sentir vivant et accompli dans mon quotidien, pour me dire que j'ai tout donné afin d'éviter aux autres de souffrir, et bien évidemment, pour rendre mon père, ainsi que tous mes proches, fiers de moi. »

Chaque matin, je me réveille en pensant à mes valeurs, à mes envies, à la manière dont j'aimerais être le changement dans ce monde (merci Gandhi !). C'est cette motivation, cette inspiration et cette énergie que je souhaite transmettre jour après jour.

Je sais que cela peut sembler prétentieux, mais il s'agit plutôt d'une volonté de créer sa propre philosophie de vie et de se donner à 100 %. Je vous mentirais si je vous disais que je suis toujours au top de ma forme ou que je réussis tout ce que j'entreprends. C'est pourquoi vous devez accepter également de lâcher prise, d'évoluer, de grandir, de vous tromper. Rien n'est jamais parfait, mais ce qui compte c'est de rester aligné avec votre « Pourquoi ? ».

UN EXERCICE SPÉCIAL...

Pour continuer sur les exercices autour du « Pourquoi ? », j'aimerais vous partager une expérience assez intrigante.

Un soir avant de m'endormir, je me suis demandé comment garder ma motivation au top. Et j'ai commencé à faire une liste de toutes les personnes à qui j'aimerais prouver qu'elles ont eu tort de me sous-estimer. Cela peut sembler négatif et ne rentre pas forcément dans le cadre du développement personnel, mais parfois, le fait de faire des actions contre-intuitives peut nous aider à trouver de nouvelles ressources et nous mettre en position d'écrire notre légende.

Cet exercice peut vous apporter le petit plus qui vous fera soutenir vos efforts et qui alimentera votre fameux « Pourquoi ? ». De quoi vous faire gagner en résilience et vous offrir des résultats puissants dans votre vie.

DÉVELOPPER UN ESPRIT DE REVANCHE

Que diriez-vous de pouvoir vous aussi faire la liste de toutes les personnes à qui vous aimeriez prouver qu'elles ont eu tort ?

- *Un entraîneur de basket-ball qui ne m'a pas donné ma chance.*
- *La première fille qui m'a mis un râteau !*
- *Une personnalité qui m'a refusé une interview.*
- *Un employeur qui m'avait dit que je n'étais pas assez expérimenté quand je recherchais un stage.*

À votre tour d'écrire maintenant…

- ______
- ______
- ______
- ______
- ______
- ______
- ______
- ______

EST-CE QUE MON « POURQUOI ? » PEUT ÊTRE LIÉ À L'ARGENT ?

Je ne pouvais pas évoquer le fait d'écrire sa légende ou de définir son « Pourquoi ? » sans prendre le temps d'évoquer les désirs financiers et notre vision par rapport à l'argent. Une chose est certaine, vous devrez toujours avoir la sensation d'être aligné·e avec vos valeurs et votre « Qui suis-je ? » profond.

La réussite matérielle n'est pas une mauvaise chose, elle doit simplement être accompagnée d'un sens profond. Je vais peut-être vous paraître idéaliste mais ce qu'il y a de plus important est de se lever avec joie tous les matins et sentir qu'on est en train d'écrire sa destinée.

J'ai rencontré de nombreuses personnes extrêmement riches, avec un patrimoine de plusieurs dizaines, voire centaines de millions de dollars. Avant cela, je m'étais toujours dit « Qu'est-ce que j'aimerais être à leur place ! » pour avoir une grande maison, voyager, offrir tout ce que je désire à mes proches, acheter une franchise de basket-ball… Mais je me suis rendu compte au fil des discussions qu'avoir un grand patrimoine n'était pas forcément la solution pour écrire sa propre légende. On peut se retrouver seul, sans comprendre sa réelle mission de vie, et par conséquent ressentir un vide énorme.

C'est certain que le manque d'argent ne contribue pas au bonheur, mais votre recherche principale doit vous permettre avant tout d'obtenir un quotidien qui vous fait réellement plaisir.

Je pense par exemple à Omar qui a été mon voisin pendant deux années à Miami et qui me disait qu'il venait de vendre sa voiture de sport et changer de boulot pour ainsi être en mesure de plus profiter de sa fille. Pour lui, le bonheur passait par une vie équilibrée et du temps consacré à ses proches.

Pour moi, le bonheur passe par le « travail » qui est en réalité une passion. Nous sommes tous différents, et de toute façon, en écrivant votre légende, vous allez accéder à l'abondance financière car vous excellerez dans votre domaine. Vous ne devez jamais perdre de vue que ce qui compte, c'est de suivre son « Pourquoi ? » et de faire les efforts qui vous amèneront à votre réussite.

SERVIR UNE GRANDE CAUSE

En participant à un événement en Caroline du Nord, j'ai eu la chance de rencontrer Evan Carmichael, l'auteur du livre *Build To Serve*. Son ouvrage se fonde sur une étude réalisée par quatre psychologues américains. Au cours de leur étude[9], ils se sont rendu compte que le fait d'aider son prochain activait les mêmes zones du cerveau que celles du plaisir. En d'autres termes, plus on aide les autres et plus on augmente sa dopamine, hormone du bonheur.

9. https://psycnet.apa.org/record/2016-19956-001
www.huffpost.com/entry/best-way-to-boost-mood_n_571bacefe4b0d4d3f7238dc4

C'est pourquoi je vais toujours vous recommander d'avoir un « Pourquoi ? » qui dépasse votre seul plaisir personnel et qui serve une cause plus grande – l'humanité, si on peut le dire ainsi. Écrire sa légende ne peut s'accomplir que lorsqu'on prend conscience de cet aspect.

C'est d'ailleurs l'une des raisons qui me poussent à écrire cet ouvrage, à accompagner des personnes au quotidien, ainsi qu'à réaliser des conférences, car mon « Pourquoi ? » est plus grand que moi et que j'essaie de transmettre le meilleur.

Il ne s'agit donc pas de faire grandir notre ego ou de considérer que nous sommes les meilleurs, mais au contraire, de toujours apporter son aide à d'autres personnes.

C'est ainsi que je vous invite à offrir cet ouvrage à une personne proche de vous une fois que vous l'aurez lu. Peut-être que vous lui permettrez d'écrire sa légende, et vous contribuerez aussi à augmenter votre plaisir personnel !

APPRENEZ À VOUS RÉCOMPENSER DÈS À PRÉSENT !

Pour conclure en beauté ce troisième pilier, il y a un dernier conseil que je souhaitais vous transmettre, avant de passer à la dernière partie sur la recette du succès.

En définissant votre « Pourquoi ? » (ou « pour quoi »), vous allez réaliser une action que seul 1 % de la population a déjà réalisée. Vous allez en quelque sorte faire partie de l'élite. Pour autant, ce n'est pas suffisant. Pourquoi ? Car l'être humain a tendance à ne pas donner de valeur à ce qu'il a réalisé. Nous sommes plus attirés par le challenge que par ce que l'on possède, et c'est normal.

Pour contrer cette caractéristique humaine, je vous invite à faire un travail de conscience pour vous récompenser à chaque fois que vous atteignez un objectif. C'est le meilleur moyen de matérialiser votre « Pourquoi ? » et de vous donner un surplus de motivation, ce qui n'est jamais négatif.

VOUS L'AVEZ BIEN MÉRITÉ !

Prenez quelques instants pour définir une petite ou grande récompense en fonction de vos objectifs.

Personnellement, j'ai pris l'habitude de m'offrir une montre ou une paire de chaussures à chaque fois que j'atteins un gros objectif. Ça peut être également d'aller au restaurant et d'inviter votre partenaire ou des amis pour célébrer ce que vous avez réussi, le pallier atteint.

____

____

____

La récompense permet de matérialiser et de visualiser notre évolution pour éviter de toujours chercher le petit plus et de rester constamment frustré.

Pour conclure cette troisième partie, j'aimerais vous proposer un mantra puissant et je vous demande de « jouer le jeu » à fond.

Je vous invite à contracter le poing de toute votre force afin de ressentir l'énergie de votre « Pourquoi ? » !

Puis, répétez simplement : « Je sais POURQUOI je me bats, POUR QUI je veux réussir à écrire ma légende, et l'IMPACT que je veux laisser auprès des personnes qui m'entourent.

Je décide que rien ne m'arrêtera et que je vais écrire ma légende ! Ma vie m'appartient et je suis la seule personne à pouvoir me motiver. Tout est en moi ! »

« Ma vie m'appartient

ET JE SUIS **LA SEULE**

personne

À POUVOIR ME **MOTIVER.** »

Cela m'amène à vous transmettre les ingrédients qui vous aideront à écrire votre légende, à suivre vos rêves, à réaliser tout ce que vous désirez dans votre quotidien. Prêt·e à les découvrir ?

LES 8 INGRÉDIENTS

POUR RÉUSSIR SA VIE

8

Nous venons de voir ensemble comment réussir à libérer cette puissance intérieure que vous possédez. Malgré tout ce qu'on vous a dit, les challenges du quotidien, les doutes, les épreuves, vous avez des qualités qui sont à portée de main. La méthode des 3W consiste à vous permettre d'apprendre à vous connaître, de définir la trajectoire de votre vie et de bien conserver la motivation au quotidien.

Dans cette quatrième partie, j'aimerais continuer à vous aider à passer à l'action pour utiliser les huit ingrédients pour réussir sa vie. Ce sont des éléments qui vont vous permettre d'appliquer tout ce qu'on a vu jusqu'à maintenant et de donner du sens aux réponses des exercices.

Je déplore le fait que nous ne recevions pas tous l'éducation ou le soutien nécessaires, mais désormais, vous n'avez plus aucune excuse !

Je pense que vous êtes maintenant d'accord avec moi pour dire que TOUT EST POSSIBLE dans notre vie et qu'écrire sa légende ne relève pas du miracle ? Comme moi, j'espère que vous avez une énorme motivation en lisant ces lignes. Que ça vous donne foi en vous et en votre potentiel. Avant toute chose, je voulais vraiment vous féliciter d'avoir pris le temps de lire et d'écrire à votre tour au cours de ces différentes pages. La qualité de votre implication dans vos réponses mais aussi des questions que vous vous posez déterminera forcément la qualité de votre vie et de votre futur. Toutes les idées ne vous sont sans doute pas venues sur le moment et c'est normal.

Je me rends compte en coaching que l'on a tendance à se mettre une grande pression sur les épaules et à vouloir trouver les réponses immédiatement. Pourtant, il faut garder en tête que le voyage du développement personnel est infini. Il ne s'arrête jamais car nous apprenons tous les jours et nous devons chercher à devenir la meilleure version de nous-même jour après jour.

Mon expérience personnelle m'a amené à définir les huit ingrédients qui vont vous aider à diriger votre quotidien pour obtenir les résultats que vous désirez. Ces huit ingrédients constituent la recette du « succès » de toutes les personnes que nous admirons. Ils vont vous permettre de construire votre vie, quels que soient le passé et les expériences que vous avez traversées jusqu'à maintenant.

Ces huit ingrédients vont sûrement constituer les premières actions de votre changement et vous permettre d'avoir rapidement une plus grande confiance en vous, une force intérieure, une valorisation également.

1. L'ENVIRONNEMENT

Quand on cherche à vivre une vie inspirante et à réaliser ses rêves, le premier besoin essentiel est de travailler sur son environnement. En effet, je me suis rendu compte après mes expériences en coaching ainsi que les interviews de personnalités sur mes podcasts que le principal élément qui nous bloque est notre environnement. Si on s'entoure de personnes qui nous critiquent à longueur de journée, si on est toujours dévalorisé dans le cadre du travail, si on a toujours entendu que les relations amoureuses ou sexuelles, l'argent, la réussite sont des choses néfastes, eh bien il sera naturellement difficile de vivre vos rêves !

Je vous partage trois citations qui m'ont énormément influencé :

- → « Nous sommes la moyenne des cinq personnes que nous côtoyons le plus. »
- → « Notre environnement est la source principale de nos succès. »
- → « Commencez à vivre dès à présent comme si vous aviez atteint tous vos succès. »

Ces phrases ont un sens puissant quand il s'agit d'écrire sa légende. La raison principale de leur impact sur notre quotidien est que l'environnement détermine notre moral. C'est ainsi qu'on peut passer la meilleure journée de sa vie mais qu'en l'espace d'une fraction de seconde, une personne peut ruiner notre moral. Et pourtant, on ne se rend pas totalement compte de son impact sur notre moral, sur nos prises de décisions. C'est pourquoi je le place en numéro 1 !

Pour déterminer votre environnement et les incidences sur votre personne, je veux que l'on prenne le temps d'observer avec qui vous passez le plus clair de votre temps.

MES 5 FANTASTIQUES

Qui sont les 5 personnes que vous côtoyez le plus ?

- ______________________________
- ______________________________
- ______________________________
- ______________________________
- ______________________________

Désormais, je veux que vous preniez conscience de ce que ces personnes vous apportent comme énergie positive, mais également *a contrario*, les énergies négatives que vous allez devoir bloquer.

J'aimerais vous citer un exemple personnel. On me dit souvent que je devrais intégrer de nouveaux réseaux pour réussir à faire grandir mon activité professionnelle. C'est vrai que c'est intéressant d'apprendre d'autres personnes, mais je tiens à garder les pieds sur terre et à rester en contact avec tous mes amis d'enfance même s'ils n'ont pas les mêmes rêves ou objectifs. Pourquoi ? Car ils m'apportent ce que personne d'autre m'apporte : du lâcher-prise, du rire, du soutien, des discussions sur d'autres domaines que l'entrepreneuriat, la psychologie humaine, la réussite, la motivation, etc.

C'est pourquoi, dans cet exercice, je veux vous ouvrir les yeux sur le fait qu'il y a des éléments de bien-être à prendre en compte afin de ne pas choisir uniquement un environnement ou un entourage liés à vos objectifs professionnels ou personnels.

En revanche, il est également essentiel de ne pas rester dans une zone de confort afin de chercher à vivre de nouvelles rencontres, à améliorer votre environnement, et bien évidemment à vous entourer d'un maximum de personnes positives.

Je pense à Jean que j'ai accompagné il y a quelques années. C'est un homme qui avait toujours vécu dans l'ombre de son frère et qui cherchait constamment l'approbation de ses parents. Malheureusement pour lui, il n'avait pas réussi les grandes études que son frère a pu faire, il gagnait moins bien sa vie, et il avait le sentiment d'être toujours en dessous de lui.

Résultat, il manquait de confiance en lui et était incapable de suivre la méthode des 3W, je dirais même juste de répondre à la première question du « Qui suis-je ? ». Mon travail a été de l'aider à identifier comment bâtir un environnement fort en se concentrant sur les personnes positives, les actions qui lui faisaient du bien, ses objectifs personnels (qui viennent de lui et non de ses parents).

Au bout de seulement quatre semaines, je me suis aperçu qu'il y avait un changement car Jean avait réussi à faire la distinction entre « ce que je dois faire » et « ce que je veux faire ». À son contact, j'ai appris que le premier blocage d'un être humain, ce n'est pas lui-même mais sa volonté d'impressionner les personnes qui l'entourent.

Jean m'a rappelé en me disant qu'il avait enfin trouvé le moyen de vivre pour lui. J'ai voulu en savoir plus et je l'ai questionné sur ce qu'il souhaitait me partager. En résumé, il a pris conscience qu'il fallait qu'il mise sur ses différences pour se créer un environnement qui lui ressemble et non pour essayer d'être son frère. Il a décidé de se concentrer sur sa carrière artistique, même si elle ne décollait pas aussi vite qu'il le désirait et que ses proches le lui faisaient remarquer.

Il a aussi pris le temps d'avoir une discussion avec son frère pour exprimer son comportement, la jalousie inconsciente et l'envie d'exister aux yeux de ses parents. Ils sont devenus très proches depuis.

Que ce soit votre lieu de vie, votre lieu de travail, vos fréquentations, il faut savoir que votre environnement va être une énorme source d'influence, à la fois positive et négative. C'est pourquoi je vous inviterai à prendre le temps de vous créer votre propre « cocon ». C'est important que vous puissiez avoir un endroit où vous ressourcer, où vous répondez régulièrement aux questions et exercices de cet ouvrage, où vous prenez le temps également de faire le point sur votre futur.

Dans tout ce que vous allez expérimenter sur la route de votre succès, l'environnement est l'élément principal. Tout doit vous aider à entretenir une énergie haute.

Je sais qu'à cet instant, vous vous demandez : « Mais comment faire si mes parents ou mes proches sont toxiques, je ne peux quand même pas me couper d'eux ? » C'est vrai que la situation semble complexe car vous avez envie d'écrire votre légende, et en même temps, vous faites face à la négativité des personnes que vous aimez le plus au monde.

Dans ces conditions, mon conseil sera de vous concentrer sur la création de nouvelles habitudes, de nouvelles sorties et rencontres pour créer une évolution personnelle. En agissant ainsi, vous serez moins sensible au regard de vos proches et vous remarquerez qu'ils changeront également pour vous apporter plus de positif !

2. L'ÉNERGIE

Le deuxième ingrédient est directement en lien avec votre moral : il s'agit de pouvoir contrôler son énergie. Que ce soit au travers du sport, de la nutrition, du sommeil, des activités que vous réalisez au quotidien ou même de votre éveil spirituel avec la méditation par exemple, je vous invite à bien faire attention à votre niveau d'énergie. C'est cet ingrédient qui vous donnera la force de surmonter les challenges, d'encaisser les coups durs et de ne jamais lâcher vos projets. Vous réaliserez que vous avez toutes les ressources en vous quand vous prendrez soin de recharger vos batteries.

D'ailleurs, petite question qui a son importance : comment vous faites pour recharger vos batteries quand vous avez un coup de moins bien ? Une fatigue chronique ? L'envie de couper quelques instants ?

RECHARGER LES BATTERIES

Quelles actions estimez-vous qu'il faudrait mettre en place pour augmenter votre énergie ?

Plus vous allez être positif, avec une énergie haute, et plus vos résultats vont s'en ressentir et augmenter. Si au contraire vous restez toujours dans la déprime et que vous avez du mal à obtenir une énergie élevée, vous risqueriez de perdre en productivité.

Je sais que ce n'est pas toujours facile, surtout quand on a un quotidien à deux cents à l'heure et qu'on ne prend pas le temps de vivre pour soi. C'est pour cette raison qu'il est important de se créer des routines, des automatismes parfaitement intégrés à votre emploi du temps.

Le mot « routine » peut avoir une connotation négative car on l'associe à la perte d'excitation dans un couple. Pour autant, en tant qu'être humain, nous devons maintenir des routines personnelles afin d'avoir des habitudes saines et de conserver une énergie au top. Grâce à elles, notre cerveau n'a plus besoin de réfléchir, il évite ainsi de s'éparpiller et donc de s'épuiser. Hal Elrod a d'ailleurs écrit un ouvrage reconnu mondialement sur l'importance d'avoir une routine matinale. Lee Chambers, psychologue américain, nous précise aussi que les habitudes du matin sont importantes car elles donnent le ton pour le reste de notre journée.

Alors, quel type de routine pourriez-vous réaliser le matin ? 15 minutes de lecture, 15 minutes de sport, 10 minutes de méditation, 10 minutes de réflexion sur les 3W et un petit déjeuner équilibré. De quoi vous permettre de passer une belle journée, n'est-ce pas ? Si vous habituez votre corps et votre esprit à agir de la même façon tous les jours, vous conserverez un niveau d'énergie élevé de manière totalement naturelle.

Je vous invite donc à piocher dans la liste ci-dessous les activités que vous allez mettre en place, en déterminant un moment et une fréquence, et en vous y tenant. Voici quelques éléments qui pourront vous aider à définir votre plan d'action :

- sport ;
- méditation ;
- lecture ;
- prendre le temps de passer un moment calme avec vos proches ;
- ne pas manger de sucre (ou moins) ;
- dormir à heure fixe ;
- se réveiller plus tôt pour avoir une routine matinale ;

- → ne pas toucher son portable au réveil ;
- → mettre de la nouveauté ;
- → se ressourcer lors d'un spa ;
- → voyager ;
- → se couper d'Internet pour faire une « diète »...

En incorporant toutes ces actions à votre quotidien, vous allez maintenir un état d'esprit positif et en confiance. J'aime dire que le meilleur moyen d'éviter la déprime est de pratiquer des actions régulières pour se délester de tout le poids des émotions négatives au fur et à mesure qu'elles arrivent. N'attendons pas une crise pour réagir ! C'est souvent une fois que nous sommes stressés, dans la peur, en panique et en pleine perte de contrôle que nous commençons à faire du sport ou du yoga. Pourtant, comme le dit l'adage : « Mieux vaut prévenir que guérir. »

Je vous invite donc à créer votre plan d'action quotidien dès aujourd'hui pour diminuer les énergies négatives et commencer dès à présent à renforcer votre confiance personnelle. Si vous passez à l'action tous les jours comme nous l'avons vu dans la partie concernant l'effet cumulé (voir page 101), plus rien ne vous arrêtera et vous pourrez écrire votre légende !

3. L'AMOUR

Je ne pouvais pas parler des règles de la réussite sans revenir sur mon domaine de prédilection ! Je considère que si vous souhaitez tout réussir dans votre vie, alors vous devrez forcément faire preuve d'amour. Que cela soit dans votre vie sentimentale ou au quotidien dans votre rapport aux autres, l'amour est une source incroyable de réussite et de bien-être.

C'est pourquoi je veux que, jour après jour, vous preniez l'habitude de sourire aux personnes qui vous entourent, que vous fassiez des compliments, que vous soyez heureux de donner du bien être en mettant en avant votre personnalité et vos envies.

Petits exemples de challenges que vous pourriez réaliser : faire un massage à votre partenaire, dire « Je t'aime » à vos enfants, apporter les croissants aux collègues, dire au serveur à quel point il a été formidable...

MES BONNES ACTIONS

Quelles sont les actions auxquelles vous pensez, là maintenant tout de suite ? Quand allez-vous les faire ?

Nous entendons malheureusement des histoires où certaines personnes ont dû causer du tort à d'autres pour réussir. De mon point de vue, on peut réussir dans l'amour et en restant connecté à ses valeurs. Je veux vous inviter à vous créer des challenges pour que, jour après jour, vous preniez le temps de diffuser de l'amour autour de vous, et bien évidemment, que vous en receviez en retour. D'ailleurs, dans mon métier, je vois des femmes et des hommes qui sont prêt·e·s à tout pour apporter de l'amour aux autres, mais qui ne savent pas du tout en recevoir et qui ont honte de chercher de l'aide quand elles en ressentent le besoin.

La beauté de l'amour se situe dans notre capacité à transmettre ce que l'on peut et à recevoir quand on en a besoin. Grâce à cet ingrédient, vous allez pouvoir bâtir de superbes relations, sentimentales, personnelles, professionnelles, amicales, familiales, sociales, afin de réussir à exploiter votre plein potentiel. Je fais partie de ceux qui pensent qu'on ne peut pas réussir seul. L'amour et la présence des autres sont extrêmement importants dans ma philosophie.

Attention tout de même à ne pas tomber dans des relations à sens unique. Il ne s'agit pas de donner de l'amour à des personnes qui profitent de vous et qui ne cherchent pas à vous apporter du bien-être en retour. C'est pourquoi vous devez être au clair sur ce que vous aimeriez recevoir et sur l'environnement que vous créez.

4. LE FOCUS

Savez-vous quel est le point commun entre Warren Buffett et Bill Gates ? Lors d'une interview, un journaliste leur a demandé de prendre un papier et d'écrire en un mot leur définition du succès. Comment réussir à réaliser tout ce que l'on veut et donc à écrire sa légende en un seul mot ? Les deux ont répondu « Focus ».

En effet, quand on se concentre sur une chose que l'on désire, on met toute notre énergie et nos actions au service de notre projet, rêve ou objectif (appelez-le comme vous le voulez). Le focus est le meilleur moyen de ne pas se laisser distraire par le quotidien, par la société, par notre empathie pour faire plaisir aux autres, etc.

Comme vous vous en doutez sûrement, j'étais un adolescent et même un jeune adulte surexcité ! J'aimais faire plein de choses en même temps, ce qui m'empêchait d'avoir un focus performant. Je suis tombé sur un exercice qui a littéralement changé ma vie. Chaque soir, je prends le temps d'organiser ma journée du lendemain et de noter heure par heure ce que je dois réaliser. De cette façon, je ne procrastine plus jamais et je suis également pleinement focus sur les missions du jour. Mon cerveau n'a pas besoin de réfléchir, de partir dans tous les sens, et je gagne énormément en productivité.

Alors j'aimerais vous inviter pendant sept jours à faire l'exercice suivant.

VOTRE PLANNING

Programmez votre journée du lendemain heure par heure (en laissant une plage horaire pour l'imprévu) :

6 h : ____________________

7 h : ____________________

8 h : ____________________

9 h : ____________________

10 h : ____________________

11 h : ____________________

12 h : ____________________

13 h : ____________________

14 h : ____________________

15 h : ____________________

16 h : ____________________

17 h : ____________________

18 h : ____________________

19 h : ____________________

20 h : ____________________

21 h : ____________________

22 h : ____________________

23 h : ____________________

Vous remarquerez que votre focus sera bien plus fort !

Prenez le temps de rester concentré sur vos envies et vos désirs. Vous êtes IMPORTANT ! D'ailleurs, une dernière astuce par rapport au focus : je vous invite à réaliser les missions importantes de votre journée avant même de toucher votre téléphone portable. Il est bien trop facile d'aller surfer sur les réseaux sociaux et de perdre son temps.

5. L'INTUITION

Peut-être allez-vous être surpris·e par ce cinquième conseil ? Après avoir accompagné des milliers de personnes, et notamment des femmes, à prendre des décisions dans leur quotidien, je peux confirmer que vous avez, mesdames, un sixième sens, et que nous, les hommes, pouvons également suivre notre propre intuition. Vous savez au fond de vous ce qui est bon pour votre futur, ce que vous désirez dans votre vie, ainsi que les décisions à prendre. Il y a des choses que l'on sent, que l'on sait, que l'on pense… et pourtant, on ne suit pas ces signes !

Si vous souhaitez tout réussir dans votre vie, et *a fortiori* écrire votre légende, je vous invite dès à présent à apprendre à vous écouter. Les erreurs viennent d'un manque d'écoute de votre intuition alors que les succès viennent d'une confiance en votre intuition principale.

Personnellement, je me suis aperçu que tous mes mauvais choix dans mon quotidien avaient été réalisés alors que je « ne le sentais pas ». Au fond de moi, de mes tripes, j'avais une sensation désagréable que je n'ai pas suffisamment écoutée.

MON INTUITION

Et vous, quelles ont été les mauvaises décisions dans votre vie ?

Je veux que vous preniez maintenant quelques secondes pour vous demander : « Est-ce que ces décisions sont venues de moi ou d'une influence extérieure ? Est-ce que j'ai suffisamment écouté mon intuition ? »

Pour développer votre intuition j'aimerais vous proposer un petit exercice de passage à l'action. C'est très simple en apparence mais vous allez voir que cela vous demandera quelques petits ajustements.

Pour éviter de vous retrouver avec des influences qui vous éloignent de vos envies profondes, je vous conseille de prendre des décisions en l'espace de seulement 3 secondes désormais.

LE CHALLENGE DES 3 SECONDES

À partir de maintenant, vous avez uniquement 3 secondes pour décider du plat que vous allez manger au restaurant, des prochaines vacances que vous allez vivre, de votre tenue pour aller en soirée, du devis que vous allez réaliser à votre client, etc.

Pourquoi ? Tout simplement parce que vous prendrez des décisions fondées sur votre intuition, sur vos désirs profonds, et non sur les différentes influences que vous recevrez.

Généralement, quand je présente le challenge des 3 secondes, on me dit que « c'est impossible » à réaliser, que c'est contre-nature, que c'est difficile à mettre en place, et j'en passe. Pourquoi ? Tout simplement parce qu'il s'agit de changer vos habitudes et je sais à quel point ça peut être frustrant parfois. Mais si vous prenez confiance en vous, cet exercice est une mine d'or pour moins réfléchir et plus passer à l'action ! Alors prêt·e à relever le challenge ?

6. TOUJOURS CHERCHER À GRANDIR !

Cet élément est un point central de ma philosophie car il explique en profondeur la raison de notre manque de résultats dans notre quotidien. Si vous souhaitez perdre du poids, créer une entreprise, arrêter de fumer ou si vous avez un objectif en tête quel qu'il soit, gardez en mémoire que vous devrez sortir de votre zone de confort.

Qu'est-ce que ça signifie exactement ? Nous avons tous des habitudes, des réactions régulières, un mode de pensée, des actions qui nous rassurent. Tout cela constitue notre zone de confort car notre cerveau y est habitué. Pour autant, lorsque vous avez un objectif en tête, vous allez devoir penser différemment pour intégrer de la nouveauté dans vos projets, afin de vous challenger et d'obtenir des résultats.

Au cours de notre séance de coaching, Julien me disait combien il aimerait sentir qu'il vit sa vie pour lui et non pour les autres. Il me faisait part de sa volonté de créer un projet qui lui appartient, d'être son propre patron, mais surtout, de faire des choses qu'il aime au quotidien. Avant de venir me voir, il avait pris l'habitude de se dire « Ça va changer »... sans pour autant modifier ses actions, et donc sans sortir de sa zone de confort. Comme vous vous en doutez, la seule chose qui a grandi a été son manque de confiance en lui !

D'ailleurs, c'est pareil dans nos relations de couple. Quand on a des disputes, on se dit simplement que ça va passer car on s'aime, mais on ne travaille pas en profondeur sur le sujet. Pourtant, et c'est là ma plus grande découverte, j'ai pu ouvrir les yeux sur le fait qu'en tant qu'être humain, nous ne stagnons jamais. En réalité, soit nous évoluons positivement car nous sortons de notre zone de confort et nous obtenons de nouvelles dispositions, soit nous évoluons négativement car nous ne changeons rien à nos habitudes.

En d'autres termes, si vous ne cherchez pas à sortir de votre zone de confort pour développer positivement votre vie, attendez-vous à ce que votre situation se dégrade, lentement mais sûrement... Si on n'essaie pas de gérer les crises de couples, elles empirent. Si on va à la salle de sport et qu'on fait les mêmes exercices, notre corps va s'y habituer et on ne verra aucune augmentation de masse musculaire, et nous amorcerons même un déclin !

Nous n'avons pas l'habitude de penser à toujours nous améliorer car ça demande des efforts, mais c'est pourtant le seul moyen d'écrire sa légende.

J'ai donc proposé à Julien de réaliser des petites actions qui l'amèneraient à sortir de sa zone de confort et à se positionner sur l'envie d'évoluer. Posez-vous aussi la question.

NEXT STEP

Comment allez-vous sortir de votre zone de confort ? Quelles vont être les 3 prochaines actions qui vont impacter votre quotidien ?

- ______________________________
- ______________________________
- ______________________________

Le but est de vous assurer de grandir, d'évoluer et de ne pas vous reposer sur vos lauriers.

Vous serez sûrement d'accord pour dire que tous les êtres humains ont besoin d'évoluer pour continuer de grandir, de profiter, de suivre leurs rêves. C'est pourquoi je vous inviterai toujours à sortir ou à étendre votre zone de confort, à prendre des décisions qui vous permettront d'investir sur vous car vous êtes la personne la plus importante.

Si vous regardez votre vie, vous remarquerez que tous les souvenirs positifs ou ceux qui vous ont fait grandir correspondent à une sortie de votre zone de confort. Quoi de plus réjouissant que de découvrir notre capacité à nous améliorer, une force incroyable qu'on ne soupçonnait même pas encore en nous ?

7. PASSER À L'ACTION

Le septième ingrédient est la continuité parfaite de notre besoin d'évolution, à savoir la répétition de nos efforts ou de nos actions. Je me souviens de la première fois où j'ai croisé Bertrand. C'était à l'une de mes premières conférences à Thorigny (77), devant 25 personnes. Il était tout devant, il a pris des notes pendant toute la soirée. Alors que tout le monde était venu pour rigoler et passer un bon moment, il était au contraire très sérieux : il n'était là que pour apprendre et se former, et restait focus sur ses objectifs. Cette attitude avait tout de suite attiré mon attention. Nous avons discuté ensemble de mon parcours, de mes réussites, mais aussi de mes échecs. J'ai résumé tout ça en une seule phrase : « Je ne changerai pour rien au monde ma capacité à passer à l'action sans réfléchir des heures. » Il est vrai que mes proches s'arrachent parfois les cheveux avec moi, et que je rends les gens de mon équipe fous à certains moments car j'ai toujours plein d'idées ! Mais quand j'observe que j'ai 9 réussites pour 1 seul échec, je me dis que finalement, ma capacité d'agir est un atout.

C'est exactement ce que je veux vous transmettre dans cet ouvrage et que vous allez mettre en place, pour vous aider à avoir un pouvoir de décision puissant et construire la vie que vous désirez.

Cinq ans plus tard, Bertrand fait partie de mon groupe de coachs et entrepreneurs que j'accompagne personnellement dans l'écriture de leur légende. C'est un homme formidable qui vit désormais de son activité de sexothérapeute. Comme moi, il a commis des erreurs, il a vécu des échecs, il a dû déplacer des montagnes, mais tout cela l'a rendu encore plus fort !

MES (PETITES) VICTOIRES

Ça ne vous rappelle pas un autre parcours de vie ? Le vôtre, peut-être ?...

Pour réaliser un travail d'introspection sur votre capacité à passer à l'action, j'aimerais vous inviter à observer toutes les fois où vous avez réussi à aller de l'avant. Vous pouvez noter les difficultés rencontrées, mais aussi les résultats obtenus :

Demandez-vous également : « Comment ai-je fait pour surmonter ces épreuves et passer à l'action ? »

Parfois, il n'est pas toujours simple de répondre à cette question. Beaucoup de mes coaché·e·s me disent : « Alex, moi je n'ai rien qui me vient en tête. » C'est parce qu'ils/elles recherchent à entrevoir leurs grands objectifs mais pas les petites marches de l'escalier. Prenez quelques instants pour vous demander quels sont les petits pas que vous avez réalisés et comment vous y êtes parvenu·e.

Alors, quelle nouvelle action décidez-vous de mettre en place aujourd'hui ?

8. « L'AUTODISCIPLINE, C'EST LA LIBERTÉ »

C'est un élément essentiel lors de l'écriture de notre légende. Cette phrase a été prononcée par Coach Adrian, la personne qui a traduit ma philosophie en anglais ; et nous avons d'ailleurs développé ensemble deux entreprises de coaching aux États-Unis.

Je voudrais que vous preniez quelques minutes pour méditer sur cette phrase. Si vous observez les personnes qui ont du succès dans votre entourage, que ce soit dans le milieu professionnel, sportif ou artistique, quel est leur point commun ? Ils sont peut-être très différents dans leur manière d'être et de travailler, mais une chose est sûre : ils ont tous une autodiscipline de fer, qui les fait sortir du lot.

Comment arrivent-ils à ce niveau ? Comment acquérir cette autodiscipline ? Comment lutter contre notre nature profonde, qui est plutôt portée sur le laxisme et la fainéantise, pour réussir à agir différemment ?

Toutes ces questions me traversent l'esprit au quotidien car je recherche des *hacks*, à savoir des solutions pour développer mes capacités plus vite et plus fortement que la moyenne, mais surtout m'assurer que je suis sur la bonne voie.

J'écris ces lignes dans un avion entre Paris et Montréal, pendant que 95 % des passagers dorment... Je suis pris dans l'excitation d'écrire ce livre, qui est pour moi la réalisation d'un rêve, et je ne peux plus m'arrêter ! Peut-être que vous vous dites la même chose lorsque vous sentez que vous êtes aligné·e avec votre mission de vie ? Sincèrement, quand on est en train d'écrire sa légende, on profite d'une énergie incroyable que l'on ne soupçonnait même pas. C'est cette même force qui nous aide à répondre à la question « Où vais-je ? ».

Grâce à l'autodiscipline, vous allez découvrir, en plus des résultats, la liberté de réussir à maîtriser 100 % de votre énergie, de votre personnalité et de vos atouts. Vous serez pleinement vous-même et c'est ainsi que vous vous sentirez libre de vous faire confiance.

Pour mettre en place cette autodiscipline de fer qui vous permettra d'écrire votre légende personnelle, j'ai quelques astuces à vous transmettre. Elles risquent de ne pas toujours vous faire plaisir, mais je peux vous garantir qu'elles vous apporteront des résultats. Alors, prêt·e à passer à l'action pour repousser vos limites ?

VOUS DEVEZ TOUT NOTER SUR UN CAHIER ET TENIR UN AGENDA À JOUR !

La référence vous surprendra sûrement, mais je me souviens d'un épisode de la mythique série *H* avec Djamel Debouzze ainsi qu'Éric et Ramzi. Lors d'un épisode, Ramzi rencontre une célébrité et ils planifient un rendez-vous, alors que le même jour, Ramzi avait déjà prévu d'aller voir un concert avec Djamel. À cet instant, la célébrité répond : « Je n'ai jamais fait une rature dans mon agenda, c'est pas maintenant que ça va commencer ! »

Ce passage m'a beaucoup fait sourire à l'origine, mais j'en comprends désormais un sens bien différent. Si vous prenez la peine de noter des choses dans un agenda et que vous clarifiez exactement ce que vous devez faire dans les prochains jours, ou mieux encore dans les prochaines semaines, alors vous aurez déjà fait plus de 80 % du travail.

Êtes-vous prêt·e à dire adieu au manque de clarté ?

VOUS DEVEZ ENTRAÎNER VOTRE CERVEAU COMME UN·E ATHLÈTE

Comme je vous l'ai dit précédemment, le cerveau humain a tendance à être fainéant et à vouloir en faire le moins possible. À chaque fois que vous allez réfléchir à ce que vous devez faire, vous risquez de penser aussi à des excuses pour ne pas passer à l'action.

C'était le cas d'Isabelle, membre de mon équipe et qui souhaitait réussir à gagner en confiance pour éviter de procrastiner. Certaines situations la rendaient très nerveuse au point qu'elle s'empêchait d'agir, et elle se laissait rattraper par le quotidien et les nombreuses tâches à réaliser en tant que maman, femme et amie.

Dès les premières semaines où elle a rejoint l'équipe de coachs, je lui ai proposé de réaliser un exercice d'organisation avec une phrase qu'elle a conservée en tête : « Toujours travailler pour soi en premier. » Autrement dit, pour arrêter de procrastiner, il est important de commencer sa journée par la mission la plus importante pour soi. Il faut se faire passer en priorité, même si ça vous demande de vous réveiller un peu plus tôt ou de trouver une nouvelle organisation avec votre partenaire pour les enfants.

Isabelle a réussi à obtenir une plus grande productivité, et surtout, à passer à l'action, simplement en s'octroyant le droit d'investir sur elle chaque matin. Cette décision a changé sa vie car elle avait tendance à toujours faire passer les autres avant elle. Si c'est votre cas, vous savez maintenant quel changement vous devez opérer.

Alors, il y a un exercice que je veux vous inviter (pour ne pas dire « vous obliger » !) à réaliser afin de ne plus jamais vous laisser le choix. Il s'agit tout simplement de mettre des alarmes régulièrement sur votre téléphone pour vous pousser à passer à l'action.

Si vous prenez le temps de mettre des alarmes sur votre téléphone, par exemple toutes les deux heures, afin de vous répéter les mantras de ce livre, vous allez naturellement indiquer à votre cerveau que vous êtes investi·e et que vous souhaitez éviter de vous trouver des excuses. Vous êtes donc impliqué·e dans le passage à l'action.

Autre exercice que j'aime transmettre à mes coaché·e·s, il s'agit de faire des points réguliers, notamment avec un coach, ou à défaut des personnes qui vous entourent, sur l'avancée de vos actions et les résultats obtenus. Plus vous vous engagez à en parler avec une tierce personne et plus votre motivation sera forte car vous devrez lui « rendre des comptes ».

Pour écrire votre légende, il s'agit de prendre le contrôle de votre inconscient afin de ne pas vous perdre dans vos pensées, mais au contraire de vous assurer un bon passage à l'action.

MAUVAISES EXCUSES

Je vous invite à prendre quelques minutes pour répondre à la question suivante : « Que se passe-t-il quand vous réfléchissez trop longuement ? » Ou encore « Que se passe-t-il quand vous vous trouvez des excuses ? ».

Est-ce que vous avez un sentiment de fierté ? Est-ce que vous passez à l'action ? Est-ce que vous obtenez des résultats ?

____

____

____

____

____

____

____

À l'inverse, j'aimerais également que vous répondiez à cette question : « Comment allez-vous réussir à ne plus vous laisser le choix afin de réussir à passer à l'action ? »

N'oubliez pas que vous avez les réponses à l'intérieur de VOUS !

UNE QUESTION DE VOLONTÉ

Elle ne se trouve pas en magasin, et personne ne pourra l'avoir à votre place… C'est un élément qui dépend de vous et de vous seul : la volonté !

Souvenez-vous des questions à garder en tête quand il s'agit de votre « Pourquoi ? ». J'aimerais que vous puissiez vous demander comment vous vous sentiriez si vous arrêtiez vos efforts ? Si vous décidiez de tout quitter ? De vous satisfaire d'un « échec » ?…

Les ami·e·s, à partir de maintenant, vous devez absolument conditionner votre cerveau à la recherche de votre bonheur et faire preuve d'une volonté sans faille. Parce que, dans la vie, nous traversons de nombreuses épreuves, de nombreux challenges et événements. Parfois douloureux et d'autres fois épanouissants. On ne maîtrise pas tout. En revanche, il y a une chose que vous devez garder : c'est votre volonté. Personne ne pourra vous l'enlever. C'est donc à vous de décider de ne jamais jeter l'éponge et de ne pas vous satisfaire d'un échec.

VOTRE MEILLEUR INVESTISSEMENT, C'EST VOUS !

En tant qu'êtres humains, nous cherchons très souvent la méthode magique ou parfaite, souvent dans les dernières tendances que nous entendons autour de nous. Et si je vous disais que ce n'est pas une bonne chose ?

Le meilleur investissement que vous pouvez réaliser est tout simplement celui que vous allez faire sur VOUS. À savoir que, plus vous apprenez à vous connaître, plus vous accédez à votre mode de fonctionnement, et mieux vous vous sentirez.

Prenez le temps et le plaisir de faire ce travail d'introspection autour des trois questions qui vont pouvoir vous aider à tout réussir dans votre vie.

J'ai vu grâce à ce procédé des jeunes entrepreneurs réussir dans leur activité en étant parfaitement alignés avec leurs valeurs et leur mission de vie.

J'ai vu des mamans retrouver du plaisir après un baby-blues de plusieurs années et des crises d'angoisses qui ont failli leur coûter leur mariage.

J'ai vu des hommes de plus de 50 ans prendre la décision d'apprendre un instrument de musique et retrouver une deuxième jeunesse.

Dans toutes ces situations, il y a un point commun qui relie ces personnes : l'envie d'investir sur elles-mêmes. Votre bonheur est plus important que tout car c'est en rayonnant que vous allez continuer d'apporter du bien-être aux personnes qui vous entourent.

Ne cherchez pas le raccourci car il ne vous mènera nulle part. Prenez le temps d'investir sur vous et de devenir la meilleure version de vous-même !

UN LONG PARCOURS ET UN CHEMIN PASSIONNANT !

Pour autant, je ne vais pas vous cacher que c'est un long parcours et que vous allez forcément traverser des phases de doutes.

Pour ma part, c'est en 2015 que j'ai décidé de me lancer dans l'aventure du rêve américain en créant mon entreprise et en traduisant toutes mes ressources. Un an plus tard, j'ai eu mon visa. J'étais l'homme le plus heureux sur Terre ! Tout le monde me disait que j'avais de la chance car c'était vraiment complexe de s'installer aux États-Unis, surtout avec un visa investisseur à mon âge.

Quand on pense à Miami, on imagine forcément les palmiers, la plage, le soleil et la belle vie. Pour autant, je me revois seul dans mon super appartement à Miami Beach en train de me demander pourquoi j'ai fait tous ces sacrifices. Pourquoi ai-je traversé l'Atlantique alors que je ne parle pas anglais, que je me suis éloigné de mes proches et que je dois tout reprendre à zéro ? Eh oui, la vie n'est pas un long fleuve tranquille, et même quand on semble avoir atteint son objectif, on peut se sentir parfois déconcerté. C'est pourquoi il est essentiel de se reconnecter à son « Pourquoi ? ».

Si je n'avais pas réalisé ce travail d'introspection et appliqué toutes les règles du succès après mon arrivée à Miami, je n'aurais jamais pu écrire ces quelques lignes ni même réunir plus de 700 000 personnes sur mes chaînes YouTube anglophones, ce qui relève presque de l'exploit si vous entendez mon accent. C'est un travail de tous les jours de déterminer qui nous sommes, où nous allons, et surtout pourquoi nous faisons tous ces efforts et sacrifices. C'est un long parcours que de suivre sa voie et d'écrire sa destinée. Il y a des moments de doutes, de peurs, d'appréhensions, de solitude, mais aussi beaucoup de joie et de passion. D'ailleurs, c'est ainsi que j'ai pu trouver la force de me battre pour mes projets, mes rêves et de toujours donner le meilleur de moi-même.

CONCLUSION
ON A TOUS EN NOUS UN SUPER POUVOIR !

Je voulais conclure cet ouvrage en vous disant que vivre pour vous, pour vos envies, pour votre légende est très important. Comme j'aime le répéter en coaching : c'est sérieux. Battez-vous pour vos rêves car ils méritent d'être vécus !

Si le discours de ce livre est nouveau pour vous, et que le passage à l'action vous semble complexe, je vous invite simplement à définir les premiers pas. La méthode de l'escalier vue précédemment vous aidera à adopter tous ces principes dans votre vie personnelle !

Si vous ne faites que lire ce livre sans appliquer les exercices, vous resterez dans votre zone de confort et nous savons très bien tous les deux ce qu'il va se passer. Votre vie risque de se dégrader et vous perdrez confiance en vous de plus en plus. C'est ce qui se passe quand on manque de passages à l'action.

Si, au contraire, vous avez déjà de belles connaissances sur le voyage intérieur et notamment la méthode des 3W, j'aimerais vous rappeler l'importance de revenir sur les « basiques ». Ces petites actions que nous connaissons mais que nous n'intégrons pas dans notre quotidien. Si vous voulez des changements, vous devez créer des routines avec le même état d'esprit qu'un sportif à la recherche de l'excellence, c'est-à-dire avec une discipline de fer.

Je peux vous le dire, rien n'est facile, rien ne vous sera servi sur un plateau, mais cette méthode fonctionne et les exercices ont déjà aidé des dizaines de milliers de personnes à trouver leur véritable bonheur. Vous avez l'opportunité d'être maître de votre vie, de conserver des objectifs qui vous ressemblent et qui vous aident à exister, non plus seulement en fonction du regard des autres, mais désormais grâce à VOUS et à vous seul·e !

Je sais que c'est difficile d'y croire si vous avez toujours manqué de confiance en vous jusqu'à maintenant, mais on est là ensemble pour faire sauter TOUS vos blocages.

D'ailleurs, je vais vous donner un dernier exercice tout simple et vous pourrez très vite comprendre que tout est possible.

MES IDOLES

Prenez quelques minutes pour observer vos idoles et les personnes que vous admirez pour leur parcours et leur réussite. Est-ce que vous adorez des célébrités ? Des chanteurs ? Des actrices ? Notez leur nom et pensez quelques instants à eux.

Maintenant, si je vous dis que toutes ces personnes que vous appréciez et celles qui sont vraiment des icônes pour vous sont en réalité de simples êtres humains, qu'elles sont bâties exactement comme vous, qu'est-ce que ça vous inspire ? Pour ma part, quand je me suis aperçu que j'étais exactement comme les personnes qui me faisaient vibrer, à savoir que j'ai un cerveau, des blessures du passé, des rêves, et que j'ai aussi 24 heures dans ma journée, je me suis dit : « Il n'y a aucune raison que ça ne marche pas pour moi ! »

J'aimerais vous demander maintenant dans quel camp vous voulez être ? Celui de la victime qui se trouve des excuses, qui pense être condamnée à une vie qui ne lui ressemble pas ? Ou allez-vous prendre la décision d'écrire votre légende, d'effectuer les exercices, de faire une petite action quotidienne pour votre bien-être ? Je pense que le choix est vite fait, n'est-ce pas ?

LE SERMENT DE LÉGENDE !

Alors, pour conclure en beauté votre voyage pour écrire votre légende, je vous invite à ressentir votre force, à fermer les yeux quelques instants pour mettre le doigt sur vos émotions puissantes, et une fois que vous êtes prêt·e, à les rouvrir pour faire cet exercice spécial avec moi.

Voici un serment que je souhaiterais que vous recopiiez, puis que vous prononciez à haute voix dans un lieu qui vous plaît et dans lequel vous vous sentez bien, debout, bien ancré·e dans le sol. Écrire ce serment de votre main et le dire tout haut va permettre de l'intégrer dans TOUT votre corps. Cela va créer l'ancrage le plus puissant que vous ayez jamais eu.

Prêt·e ?... Contractez le poing, levez le bras, et dites-le en le ressentant au plus profond de vous-même :

« Je prends la décision d'écrire ma légende et de vivre pour moi. Je sais ce dont je suis capable, je sais ce que je désire, et pourquoi c'est important pour moi. Je décide de mon avenir et de mes choix personnels. Je suis prêt·e à faire des sacrifices et à repousser mes limites pour obtenir la vie de mes rêves. À partir d'aujourd'hui, je décide d'écrire ma légende ! »

« À PARTIR

d'aujourd'hui

JE DÉCIDE

D'**ÉCRIRE**

ma légende ! »

UN DERNIER PETIT MOT…

Je crois qu'il est temps pour moi de vous féliciter ! Vous avez commencé à écrire votre légende, à poser des premières intentions et des mots sur vos envies. Ce livre a pour but de vous ouvrir les yeux sur les possibilités qui s'offrent à vous.

Alors dites-moi, êtes-vous prêt·e à continuer ? À vous challenger ? À aller au bout et à fond ? À faire ressortir le meilleur de ce que vous avez au plus profond de vous ?

APRÈS CE LIVRE…

Demandez-vous ce qui va se passer si vous appliquez les conseils de cet ouvrage ?

____

____

____

____

____

____

Et si vous les aviez déjà appliqués, où est-ce que vous en seriez aujourd'hui ?

N'attendez plus de souffrir pour prendre votre vie en main ! À travers mon métier mais également mon expérience personnelle, je me suis aperçu que nous attendons toujours d'être dos au mur pour passer à l'action. Ou alors de vivre un événement douloureux avant de réagir.

D'ailleurs, ça a été mon cas. Je connaissais très peu les outils de développement personnel et leur puissance avant de perdre mon père et de m'y plonger plus sérieusement. J'ai d'une certaine façon attendu de recevoir une claque de la vie pour réagir et me prendre en main, pour me construire selon mes valeurs et pour vivre à 100 % mon quotidien.

Mon souhait le plus cher est de vous aider à construire votre légende grâce à cet ouvrage, sans attendre une seule seconde de plus, et sans passer par la case « souffrance ».

J'ai la chance d'avoir pu transmettre cette philosophie à plusieurs millions de personnes, notamment aux États-Unis. C'est cette réussite internationale qui me fait dire qu'on peut tous réaliser nos rêves et repousser nos limites.

Vous avez désormais toutes les cartes en main. J'ai conscience qu'il n'existe aucune formule magique et c'est pourquoi je viens de vous transmettre un accès à des exercices, des questionnements, des astuces et conseils que vous pourrez personnaliser en fonction de VOUS.

Alors s'il vous plaît, n'attendez pas de prendre une claque, d'être en burn-out, de vivre une rupture amoureuse pour passer à l'action. Vous avez ce livre en main et vous pouvez parfaitement l'exploiter !

À votre stylo !

À vous d'écrire !

À vous de poursuivre votre légende !

30 QUESTIONS DE RÉFLEXION

POUR ÉCRIRE VOTRE LÉGENDE !

30

Je tiens une nouvelle fois à vous féliciter pour la lecture de cet ouvrage. Afin de vous aider à passer à l'action et à continuer ce très bon travail d'introspection, je vous propose de répondre à 30 questions qui vont vous faciliter la prise de confiance en vous.

Ces questions sont là pour vous permettre de mieux vous connaître, de définir vos projets et d'intégrer au plus profond de vos tripes votre pourquoi. À vous d'écrire votre légende !

1) Quels sont les événements du passé qui vous ont rendu·e plus fort·e ?

2) Quels sont les rêves les plus fous que vous avez en tête ?

3) Quelles sont les personnes sur qui vous pouvez compter ?

4) Quelles sont les mauvaises habitudes que vous devriez arrêter ?

5) Quelles sont vos qualités ?

6) Quelles sont vos ressources ?

7) Quel est votre principal défaut ?

8) Comment aimeriez-vous qu'on vous décrive le jour où vous allez quitter ce monde ?

9) Quel est votre péché mignon ?

10) Quelle est la première action que vous devez réaliser pour écrire votre légende ?

11) Quels sont les engagements que vous devez prendre pour y parvenir ?

12) Quel environnement allez-vous créer pour développer votre légende ?

13) Quelles sont les activités que vous aimez réaliser ?

14) Quelles sont les personnes à fuir et qui vous prennent votre énergie ?

15) Quels sont les vêtements que vous aimez porter et qui vous mettent en valeur ?

16) Quelle est la musique qui vous permet de méditer et de visualiser votre avenir ?

17) Quels sont les mentors qui vous inspirent ? (En noter cinq.)

18) À quel moment de votre journée êtes-vous le plus productif·ve ?

19) Comment allez-vous devenir plus charismatique ? Quelle posture et quel ton de voix allez-vous adopter ?

20) Quelles sont les influences que vous subissez dans vos choix ?

21) Qu'est-ce qui vous empêche d'avoir de l'énergie positive ?

22) Quel est votre niveau de confiance en vous ? Comment allez-vous faire pour l'augmenter ?

23) Pour qui allez-vous vous battre au quotidien ?

24) Pourquoi les autres apprécient-ils votre présence ?

25) Quels sont les trois principaux challenges que vous allez vous fixer ?

26) Quelle a été jusqu'à maintenant la décision la plus importante de votre vie ?

27) Qu'avez-vous accompli de positif dans votre vie ?

28) Dans quel domaine de votre vie avez-vous confiance en vous ?

29) De quoi êtes-vous le plus fier·ère dans votre vie ?

30) Quelles sont les trois valeurs qui sont le plus importantes pour vous ?

REMERCIEMENTS !

En conclusion de ce livre, je tiens à remercier du fond de mon cœur toutes les personnes qui m'ont accompagné et soutenu dans mes projets, même les plus fous.

Permettez-moi d'avoir dans un premier temps une énorme pensée pour mon père. J'aurais tellement aimé qu'il soit parmi nous pour voir notre évolution ; la vie en a malheureusement décidé autrement. De cette douleur, comme de tous les éléments difficiles, j'ai appris cependant à considérer les impacts positifs. Je sais en effet qu'en disparaissant, mon père a contribué encore à mon évolution pendant toutes ces années. Je sais – même si c'est difficile à admettre – que, si je ne l'avais pas perdu, je n'aurais jamais eu ce parcours de vie. Je serais resté encore un bon moment dans mon ignorance et dans ma zone de confort. Il me manque mais il est toujours là.

J'ai également une énorme pensée pour ma mère. Quelle force de caractère elle a eue de pouvoir assumer autant de responsabilités.

On dit souvent que derrière chaque grand homme – eh oui, je mesure 1 m 95 ! –, se cache une grande femme, et je pense là au grand soutien et au grand amour avec lesquels ma femme m'épaule dans le respect de mes passions et dans toutes ses attentions quotidiennes.

Je tiens ensuite à remercier l'ensemble des personnes qui m'accompagnent au quotidien. Je pense à toute mon équipe de coachs ainsi qu'à mes collaborateurs. Mention spéciale à Francis, Damien et Théo qui m'ont apporté tout leur soutien pendant l'écriture de cet ouvrage.

Également, je tiens à remercier Coach Adrian et Coach Natalie de mon équipe US qui ont su me challenger pour transmettre le meilleur contenu possible.

Enfin, je tenais à remercier chaleureusement toute l'équipe des éditions Leduc qui a été d'un extraordinaire soutien et qui a su m'accompagner dans la réalisation d'un de mes rêves les plus importants.

Sans vous oublier, mes cher·ère·s lectrices et lecteurs. Je vous remercie du fond du cœur et je vous souhaite le meilleur !

À très bientôt les ami·e·s, pour un nouvel ouvrage !

TABLE DES EXERCICES

TABLE DES MATIÈRES

SI VOUS AVEZ AIMÉ CE LIVRE,

PARTAGEZ VOTRE EXPÉRIENCE SUR LES RÉSEAUX SOCIAUX

#ecristalegende

ALLEZ PLUS LOIN

DANS L'ÉCRITURE DE VOTRE LÉGENDE AVEC LE SUCCESS PLANNER !

NOTES

NOTES

NOTES

NOTES

NOTES

Cet ouvrage est composé de matériaux issus de forêts bien gérées certifiées FSC®, de matériaux recyclés et de matériaux issus d'autres sources contrôlées.

Le Forest Stewardship Council® est une organisation internationale non gouvernementale qui encourage une gestion écologiquement adaptée, socialement bénéfique et économiquement viable des forêts de la planète. Pour en savoir plus, consultez le site www.fsc.org

FSC
www.fsc.org
MIXTE
Papier issu de sources responsables
FSC® C007507

Achevé d'imprimer en février 2022 par Graphycems

Dépôt légal : mars 2022

Imprimé en Espagne